LA CENSURE DRAMATIQUE

ET

LE THÉATRE

HISTOIRE DES VINGT DERNIÈRES ANNÉES
(1850-1870)

PAR

VICTOR HALLAYS-DABOT

PARIS
E. DENTU, ÉDITEUR
LIBRAIRE DE LA SOCIÉTÉ DES GENS DE LETTRES
PALAIS-ROYAL, 17 ET 19, GALERIE D'ORLÉANS

1871

LA
CENSURE DRAMATIQUE

ET

LE THÉATRE

1850 - 1870

PARIS. — IMP. SIMON RAÇON ET COMP., RUE D'ERFURTH, 1.

LA
CENSURE DRAMATIQUE
ET
LE THÉATRE

HISTOIRE DES VINGT DERNIÈRES ANNÉES
(1850-1870)

PAR

VICTOR HALLAYS-DABOT

PARIS
E. DENTU, ÉDITEUR
LIBRAIRE DE LA SOCIÉTÉ DES GENS DE LETTRES
PALAIS-ROYAL, 17 ET 19, GALERIE D'ORLÉANS

1871

Tous droits réservés.

AVANT-PROPOS

Le chapitre d'histoire administrative que nous publions aujourd'hui était écrit, quand survint le 18 mars. Depuis lors, que d'observations nouvelles, que de tristes retours sur le passé inspirait le spectacle chaque jour plus horrible de la catastrophe qui se développait, épouvantable et lugubre tragédie! que de réflexions sur les hommes et sur les choses montent aux lèvres, quand on ressuscite par la pensée tout le long et machiavélique travail, préparateur du désastre! La conspiration contre l'ordre social s'est-elle, à son heure, assez audacieusement ruée sur sa proie, pour dessiller les yeux les plus fermés? le droit absolu de tout dire, de tout écrire, de tout faire, a-t-il enfanté des folies suffisamment effroyables? Mais à quoi bon discuter? ce n'est pas l'heure. Nous nous abstiendrons donc, signalant seulement les faits qu'il est indispensable de relever. La parole est aux événements. La flamme qui jaillit de Paris en feu éclaire d'un jet de lumière assez sinistre le passé, peut-être l'avenir. De ce brasier fumant, de ces ruines amoncelées, il s'échappe pour la France, il s'échappe pour le monde entier de terribles enseignements. Ceux-là seuls ne les comprendront pas, que les passions politiques rendent et rendront à jamais volontairement aveugles et sourds.

31 mai 1871.

LA
CENSURE DRAMATIQUE
ET LE THÉATRE
— 1850-1870 —

I

L'ORGANISATION DE LA CENSURE

Le décret du 30 septembre 1870. — La loi de 1850. — L'organisation de la censure.

Le 30 septembre 1870, douze jours après l'investissement de Paris, alors que les spectacles sont fermés depuis plus de trois semaines et que les malheurs des temps ne permettent point de prévoir quand le monde des théâtres recouvrera et la vie et le mouvement, le gouvernement de la Défense nationale juge opportun de rendre un décret qui déclare *supprimée la commission d'examen des ouvrages dramatiques*. Cette mesure est une de ces concessions traditionnelles que toute révolution qui triomphe croit ne pouvoir refuser à certains esprits, le lendemain du succès. Dans les pénibles circonstances que le pays traversait, cette concession était-elle nécessaire? En tout cas, était-elle urgente? L'expérience du passé, les leçons pratiques de l'histoire, la connaissance désintéressée du théâtre indiquaient peut-être que, si l'on croyait utile de sacrifier les hommes aux rancunes de l'esprit de parti, cette satisfaction une fois accordée, le principe en lui-même demandait à être étudié dans une heure plus calme. Enfin la question est tranchée. Comme en 1830, comme en 1848, les théâtres sont rendus à la liberté absolue. L'avenir nous dira s'ils sauront en user plus dignement que leurs devanciers ne l'ont fait à ces deux époques.

Pour nous, qui avons suivi pas à pas l'histoire de la censure théâtrale jusqu'en 1850[1], il ne nous paraît point hors de propos, puisqu'une nouvelle période s'achève, de passer en revue les faits caractéristiques qui se sont produits pendant ces vingt dernières années. Ces faits, d'ailleurs, vus dans leur ensemble, peuvent n'être point sans intérêt pour l'étude des mœurs publiques et gouvernementales du temps.

On se rappelle ce que fut le théâtre, au triple point de vue moral, politique et religieux, dans les deux années qui suivirent la révolution de Février. Cette période tourmentée prit fin par le rétablissement d'une censure préalable. Cette mesure, votée à une grande

---

[1] *Histoire de la censure théâtrale en France*. 1 vol., 1862. Dentu.

majorité, fut à peine discutée; elle ne souleva d'objections bien vives, ni dans la presse, ni dans le public; les auteurs, malgré une protestation adressée à la Chambre, la subirent sans étonnement; les directeurs de théâtre l'acceptèrent, comme le dénoûment attendu d'une situation qui ne pouvait se prolonger.

En 1849, une commission, réunie au Conseil d'État, avait étudié sous toutes ses faces la législation théâtrale. Des auteurs, des directeurs, des artistes, des journalistes, d'anciens censeurs avaient été appelés à donner leur opinion sur la question de la liberté commerciale et sur la question de la liberté dramatique. Nous nous bornerons à rappeler cette enquête si curieuse, où l'on vit se produire les raisonnements les plus pratiques et les excentricités les plus fantaisistes. La discussion porta longuement sur la censure. Quelques personnes la repoussaient d'une façon absolue, notamment MM. Bocage, Dumas et Hugo; presque toutes les autres la reconnaissaient nécessaire; citons parmi ces derniers MM. Scribe, J. Janin, Régnier, Provost, Taylor.

La loi qui décidait qu'aucune pièce ne pourrait dorénavant être représentée sans l'autorisation du ministre de l'intérieur était une loi temporaire. Votée le 1er août 1850, elle fut prorogée au bout d'un an par une autre loi, renouvelée ensuite par un décret spécial, maintenue enfin, en 1864, par le décret sur la liberté des théâtres, après une nouvelle discussion au Conseil d'État. La loi posait un principe; son application était laissée au libre arbitre du gouvernement. M. Baroche, alors ministre de l'intérieur, reprit le système établi en 1835 à la suite des lois de septembre et que la révolution de Février avait trouvé fonctionnant; il rétablit une commission d'examen des ouvrages dramatiques.

La commission lisait les manuscrits, qui devaient être déposés quelque temps avant la représentation. Les examinateurs rendaient compte de l'ouvrage à l'administration supérieure, qui décidait, adoptant quelquefois les conclusions proposées, quelquefois aussi ne les approuvant point, soit qu'elle ne partageât pas l'avis exprimé, soit que des motifs particuliers ou des raisons politiques la portassent à se montrer plus indulgente. La commission recevait les auteurs et les directeurs, afin de s'entendre avec eux sur les changements qu'elle croyait utiles. M. Fould avait, à un certain moment, interdit de la façon la plus absolue ces communications. La mesure ne pouvait se maintenir; elle tomba vite en désuétude. En effet, que d'affaires menées à bonne fin, que de préventions détruites en une heure de franche discussion, qui met les censeurs et les auteurs face à face, les uns expliquant sincèrement leurs objections, les autres défendant leur pensée! Toujours aux prises dans ces conférences avec l'intérêt des directeurs et le légitime amour-propre des écrivains, la commission d'examen avait pour devoir de tempérer par la modération dans la forme, par une fermeté toujours calme et polie, par la netteté de ses observations, par un sincère désir de conciliation tout ce que sa tâche avait d'irritant.

Avant d'être autorisée, une pièce subissait une dernière épreuve. Un inspecteur assistait à la répétition générale. Il devait d'abord veiller à ce que les changements convenus fussent strictement exécutés; puis il avait à examiner les costumes, les décors, la mise en scène et les danses. Il aurait dû, de plus, par des visites chaque soir répétées dans les théâtres, s'assurer que les pièces restaient ce qu'il les avait vues à la répétition. L'absence d'une pénalité facilement applicable avait rendu cette surveillance à peu près illusoire.

La commission d'examen, mise d'abord dans les attributions du ministère de l'intérieur, y resta quatre années. C'était là sa véritable place. Mais la gestion des théâtres entraînait pour le haut personnel administratif des agréments de diverse nature, qui avaient le don de la faire rechercher d'une manière toute spéciale; aussi, selon l'influence dominante, après avoir été enlevée au ministère de l'intérieur, elle resta quelque temps au ministère d'État; du ministère d'État elle passa au ministère de la maison de l'Empereur, puis au ministère des beaux-arts, et enfin au ministère de l'instruction publique. La préfecture de police même, croyons-nous, montra quelques velléités de s'adjoindre la censure des théâtres. Céder à cette mesure eût été une erreur à plusieurs points de vue.

Le jour même de l'entrée en fonctions de la commission, le ministre lui donna verbalement des instructions sur la marche qu'elle aurait à suivre. Tout d'abord mettre un terme au désordre moral qui régnait sur le théâtre, puis fermer la scène à ces personnalités brutales qui l'avaient envahie, en écarter les peintures antireligieuses, les thèses socialistes, les excitations à l'antagonisme des classes, tel fut le programme que, le 4 août 1850, la commission d'examen reçut la mission d'accomplir.

Nous n'avons point, dans ce tableau rapide et circonscrit, la volonté de retracer les mille incidents qui se sont produits. Nous nous égarerions dans des détails oiseux et sans intérêt. Nous n'avons pas non plus le désir, ni le droit d'écrire le chapitre des influences particulières qui ont pu, en maintes occasions, s'imposer à l'administration. Nous n'avons à être et nous ne voulons être qu'un spectateur, disant en toute liberté son opinion sur les faits principaux, sur la marche des idées au théâtre, sur certains courants de direction imprimés à la censure. En un mot, dans cette multiplicité de faits, de physionomies, de détails de toute nature, nous ne retracerons que les traits saillants et symptomatiques, et, autant que possible, nous les grouperons selon l'ordre d'idées auquel ils se rattachent. De cette étude du passé se dégageront quelques enseignements pratiques qui pourront n'être pas sans utilité un jour; car qui saurait répondre que l'expérience, ainsi qu'elle n'y a jamais failli, ne modifiera pas une fois encore des opinions convaincues sans doute, mais dont la sincérité ne se refuse point à l'évidence? Le gouvernement républicain lui-même est-il bien certain de ne point arriver à admettre, le jour où il entrerait dans une vie régulière et calme, que la liberté illimitée du théâtre devient fatalement la licence des mœurs et l'oppression des individus? Mais élevons-nous et portons plus haut nos regards. La société française, depuis plusieurs années, traverse une des crises les plus terribles qu'elle ait jamais subies. Faible et énervée, elle oscille et chancelle sur sa base; elle peut être à jamais compromise si, par un effort énergique, elle ne se redresse et ne se reconstitue. Ce but, il n'est qu'un moyen de l'atteindre, c'est de relever les âmes par une régénération des mœurs publiques. Ce but suprême que chacun saisit, comprend, proclame, croira-t-on longtemps encore y parvenir en laissant un théâtre absolument livré à lui-même miner chaque jour par des spéculations licencieuses ou par des appels à la haine sociale ce grand travail de reconstitution ? laissera-t-on, par respect pour un grand mot, sublime sans doute, mais mal compris et mal défini, la gangrène morale continuer par le théâtre son travail de décomposition ? Enfin, quel que soit le motif qui s'impose au législateur, le moment peut venir, moins lointain que quelques personnes ne le pensent, où la loi cherchera de nouveau le système de surveillance des théâtres, tout à la fois le plus sûr pour les intérêts sociaux et le moins compromettant pour l'art dramatique.

II

LES QUESTIONS MORALES

Le Chandelier. — André del Sarto. — Les Caprices de Marianne. — La censure de détails. — M. Romieu. — La Dame aux Camélias. — Mercadet. — M. de Morny et la censure. — Ce qu'a produit la Dame aux Camélias. — Diane de Lys. — La Sensitive. — M. Walewski. — Ses tendances. — M. Sardou. — Certains auteurs devant la commission. — Les Lionnes pauvres. — La Famille Benoîton. — L'argot au théâtre. — La Belle Hélène. — Le Joueur de flûte. — Rigolboche. — Le cancan. — Les féeries. — La liberté des théâtres. — Les cafés chantants.

En 1850, à l'heure même où l'on votait la loi qui rétablissait la censure, la Comédie-Française composait un spectacle qui donne le diapason du théâtre de l'époque. On commençait par *la Coupe enchantée* de la Fontaine. Venait ensuite *une Discrétion*, petite comédie des plus osées et des plus libres. *Le Chandelier* d'Alfred de Musset complétait cette représentation remarquable par son ensemble habilement prémédité. Les libertés que prenait notre première scène révélaient l'état des scènes secondaires. Au Vaudeville, naguère, deux actrices, jeunes et jolies, dans le déshabillé le plus provoquant, jouaient *Daphnis et Chloé*, et un public nombreux se pâmait d'aise chaque soir au spectacle licencieux de certaine leçon de flûte au pied du dieu Pan. Le Gymnase, le théâtre le plus honnêtement administré de Paris, venait de risquer sous le pavillon de Scribe, *Héloïse et Abeilard,* un chef-d'œuvre d'adresse dans la gaillardise. Le Palais-Royal jouait *le Sopha.* Mais c'est assez nous étendre sur l'état moral du théâtre en 1850. Peu à peu, les ouvrages dont nous parlons disparurent du répertoire, *le Chandelier* tout le premier. Plusieurs fois, la reprise du *Chandelier* fut mise en question; toujours la commission se refusa à en proposer l'autorisation. Les amours soldatesques de Clavaroche, les passions de Jacqueline, le rôle de *Chandelier* que l'on fait jouer à Fortunio, tout ce tableau de mœurs intimes, brutal et hardi, paraissait à la censure un spectacle immoral. N'en est-il pas un peu du *Chandelier* comme de certains contes de Boccace ou de la Fontaine? Ces libertinages d'imagination veulent être lus dans le silence discret du foyer et non se montrer à la lumière grossissante de la rampe. On se récrie fort contre la censure, qui a osé porter la main sur l'œuvre si charmante de de Musset. Il serait bon cependant de descendre au fond de ces indignations de parti pris et de voir la réalité des faits. Une partie du théâtre de de Musset se sentait de la forme première dans laquelle il avait été conçu. Écrivant pour quelques lecteurs recueillis dans leur fauteuil, le poëte avait lâché la bride à sa verve gauloise, la laissant caracoler, franche d'idées, parfois cynique d'expressions, à travers toutes les fantaisies; il n'avait point eu à se préoccuper de ces délicatesses inattendues, de ces effarouchements de pudeur, de ces révoltes d'honnêteté, de ces bégueuleries, si l'on veut, qui sont, à certains moments, la vertu communicative d'un public serré coude à coude dans une salle de spectacle telle que la Comédie-Française. Le cercle restreint des lecteurs avait fait, et il le savait, l'indépendance et l'originalité de sa forme. M. de Musset, plus sensé et plus sincère que ses défenseurs posthumes, se rendait très-bien compte des nécessités nouvelles que la représentation imposait à son théâtre. A deux reprises, la commission eut à lui soumettre des observations, une première fois à propos des *Caprices de Marianne*, une autre fois au sujet d'*André del Sarto*. Les deux fois, il entra volontiers et loyalement dans l'esprit de ménagements qu'on lui proposait. Le poëte atténua de très-nombreux passages des *Caprices de Marianne*, qui, dans la verdeur du texte imprimé, auraient blessé des pudeurs respectables. Quant à *André del Sarto*, les changements furent radicaux. Les tirades exaltées sur l'adultère disparurent ; l'exubérance de la passion fut contenue. Le dénoûment même, qui couronnait l'adultère, en laissant la maîtresse et l'amant heureux par la mort du mari, subit une modification complète.

Nous ne passerons point en revue tous les petits incidents auxquels la question morale donna lieu, surtout dans les premières années de la censure. Ils sont déjà trop éloignés de nous pour offrir un vif intérêt. Le travail de la commission, d'ailleurs, était un travail d'ensemble. C'est par la suppression chaque jour poursuivie de détails immoraux ou tout au moins trop libres, que les examinateurs s'efforçaient de maintenir le théâtre dans les limites de l'honnête. La guerre aux mots, voilà

un des reproches que l'on adresse incessamment à la
censure. On prend quelque suppression qui, isolée, paraît, à juste titre, bizarre, si même elle n'est incompréhensible ; on en invente parfois d'étranges, et ces
coupures, vraies ou fausses, deviennent la pâture des
petits journaux et l'amusement du public. Cette critique est légère et superficielle. Que sont les mots détachés de l'ensemble dont ils constituent une partie ?
Il n'est point de censure théâtrale, de quelque façon
qu'on l'organise, qui puisse procéder sommairement
par autorisation ou par interdiction. Il lui faudra, quoi
qu'elle fasse, tomber dans le détail et en arriver, pour
agir utilement, à des abatis de passages et de mots
obscènes ou graveleux. Elles sont heureusement rares,
tous les hommes de théâtre le savent, les pièces assez
foncièrement mauvaises pour que des sacrifices intelligemment faits, des modifications demandées et pratiquées dans un sincère esprit d'arrangement ne ramènent l'ouvrage à ces limites d'audace que permettent
les habitudes et les droits légitimes du théâtre. Les
mesures extrêmes, si elles étaient dans le sens de la
sévérité, rendraient bientôt le théâtre impossible ; si,
au contraire, elles partaient d'un esprit d'indulgence
trop large, mais indispensable peut-être dans ces conditions, elles paralyseraient l'action de la censure, au
détriment de la morale publique.

La commission d'examen, d'abord sous les ordres
immédiats du directeur des beaux-arts, M. de Guizard,
passa ensuite sous la direction de M. Romieu. M. Romieu ne se montra point pour les théâtres l'homme aux
accommodements faciles que l'on aurait pu supposer. Il

avait sur toutes les questions de moralité des idées nettes et fermes. M. Romieu fut une physionomie originale dans sa petite sphère. Il arrivait au ministère avec la vieille réputation de bon vivant et, risquons le mot, de farceur, qui le poursuivait depuis tant d'années et que venait de raviver un vaudeville joué, en 1849, au Palais-Royal : *le Sous-Préfet s'amuse*. Sous une apparence sceptique et légère, le directeur des beaux-arts nouveau cachait une nature sérieuse. Il avait une double vie, vie primesautière et jeune d'une part, vie d'intelligence et de devoir de l'autre. Il excellait à dégager sa personnalité d'administrateur de ses amitiés d'homme du monde, et telle ou telle personne, qui, pour l'avoir coudoyé, peut-être même tutoyé le soir dans les coulisses d'un théâtre ou dans les salles d'un restaurant à la mode, se croyait le droit d'accourir le lendemain au cabinet du fonctionnaire, afin de réclamer avec le sans-façon de la familiarité de la veille quelque faveur administrative, s'en retournait toute surprise d'avoir été éconduite avec une fermeté enjouée, mais inébranlable. La meilleure camaraderie le trouvait inflexible dans les mesures qu'il croyait équitables et bonnes.

Mais revenons à la question des mœurs au théâtre et arrivons à l'œuvre capitale de toute cette période, à *la Dame aux Camélias*. Par l'immense succès qui l'accueillit, par les qualités qui légitimaient en partie le succès, cette pièce tient une grande place dans l'histoire dramatique ; elle en occupe une plus grande encore par l'influence qu'elle exerça sur le théâtre des années qui suivirent et, à prendre la chose de plus haut, sur les mœurs publiques du régime qui commençait.

La Dame aux Camélias fut longtemps interdite. Elle ne put être représentée qu'à la faveur d'une révolution. Le coup d'État du 2 décembre et l'avénement de M. de Morny au ministère décidèrent de son sort. Aujourd'hui le public est familiarisé avec le spectacle du monde interlope qui, depuis dix-huit ans, a envahi et, pour ainsi dire, absorbé le théâtre. Il n'est pas un des recoins les plus bas et les plus ténébreux de cette société souterraine qui ne soit sorti de l'ombre et dont l'ignominie n'ait été jetée en pâture aux appétits curieux et blasés de la foule. Le personnel du vice, enhardi par l'importance que lui donnaient les pièces de théâtre, servi à souhait par les circonstances, a débordé de toutes parts à travers la société. On l'a vu s'étaler avec un cynisme triomphant ; il a habitué les yeux, même les plus chastes, qui jadis l'ignoraient ou le voulaient ignorer, à le regarder en face. On le heurtait partout, dans la rue, au spectacle, dans les promenades, et partout il tenait le haut du pavé avec l'insolent aplomb d'un conquérant.

Mais, il y a vingt ans, le vice avait des allures moins effrontées et plus casanières ; il gardait jusqu'à un certain point la pudeur de sa dégradation. Les réhabilitations sans nombre du drame et du roman ne lui avaient point fait un piédestal. Aussi, quand le premier manuscrit de *la Dame aux Camélias* se présenta dans toute sa crudité naïve, il n'avait point encore passé par l'épreuve d'une habile et prudente mise en scène ; la commission d'examen s'arrêta avec un certain étonnement effaré devant l'œuvre nouvelle. Ce mélange de réalisme brutal et d'idéalisation de la débauche vulgaire, cette peinture franche de couleurs des amours vénales, ces détails du commerce galant pris sur le vif, et en même temps ce déchaînement de passion vraie, cette séve de jeunesse qui courait à travers le drame, en un mot, tout ce tableau original et vivant la frappa vivement. Mais la commission, en reconnaissant les qualités saisissantes du drame, ne pouvait s'en dissimuler la portée.

Elle pensa, et elle dit quels inconvénients lui paraissaient ressortir de cette peinture familière de mauvaises mœurs; elle se préoccupa de cette exaltation de la courtisane vulgaire; et encore, courtisane est-il un mot impropre. La courtisane est un type; qu'elle s'appelle Laïs, Phryné, Aspasie, Marion ou Ninon, c'est une individualité qui, de par sa beauté, son esprit, son charme, son intelligence littéraire, son goût artistique, se fait la reine acceptée d'un cénacle élégant. Mais ici ce n'était point une de ces natures exceptionnelles qui était en jeu; il ne s'agissait plus d'une de ces réhabilitations, comme celle de Marion Delorme même, où la forme élevée de l'œuvre, l'époque de l'action, le caractère semi-historique des personnages, transportent la thèse de morale sociale dans un lointain et dans un milieu qui l'atténuent. Enfin, ce n'était point la courtisane que l'on nous montrait, mais la créature banale, dans son intérieur commun, avec son entourage de galants et d'amants de toutes les époques, de compagnes et de proxénètes familières. Ce n'était point non plus, comme dans *la Vie de bohême* de Murger et de Barrière, la camarade passagère de la jeunesse à ces heures d'entraînement et de séve, qui ne compromettent en rien l'avenir et laissent l'âme ouverte à toutes les réalités honnêtes et sérieuses de la vie. C'était le vice professionnel.

Sur la proposition de la commission d'examen, *la Dame aux Camélias* ne fut point autorisée. Le théâtre n'en continua pas moins les répétitions, confiant dans l'influence du protecteur du drame, M. de Morny. La pièce put être répétée généralement vers la fin de septembre 1851. Alors on pressa vivement le ministre, M. Léon Faucher, de rapporter la décision prise. La pièce avait été remaniée; un grand nombre de détails choquants, notamment au premier et au quatrième acte, avaient disparu; l'optique de la scène modifiait les impressions de la lecture. Tels furent les principaux arguments sur lesquels s'appuyait la réclamation du théâtre. M. Léon Faucher, tout en admettant la réalité de certaines modifications, ne crut pas qu'il y eût lieu d'autoriser *la Dame aux Camélias* : il maintint l'interdiction.

Quittons un instant le Vaudeville; transportons-nous au Gymnase, à la première représentation de *Mercadet*. On verra plus loin l'intérêt de ce rapprochement. Mercadet, cette vive peinture du financier moderne, du faiseur, pour prendre le mot de Balzac, reproduisait un type devenu à ce moment même si commun sur l'asphalte de Paris, que la pièce, écrite depuis quatre ans, avait toutes les allures d'une actualité. Comédie de mœurs du domaine dramatique s'il en fut jamais, cette pièce, flagellant les spéculateurs véreux, bafouant les exploités naïfs, ne dépassait en rien les habitudes acceptées du théâtre. La commission d'examen proposa l'autorisation de *Mercadet*.

Cependant, le soir même de la représentation, malgré le grand succès, ce fut un scandale dans les couloirs du théâtre d'abord, sur le boulevard ensuite. Les personnes qui se croyaient atteintes par ce tableau satirique commencèrent l'attaque ; le lendemain, les plaintes redoublèrent, les influences les plus actives furent mises en jeu. Le ministre, M. Léon Faucher, s'émut de tout ce tapage ; il suspendit la représentation de *Mercadet*, se fit remettre le manuscrit et le lut le soir même. Le ministre approuva l'autorisation accordée, et la pièce fut immédiatement rendue au théâtre. M. Léon Faucher, esprit roide et formaliste, mais droit et juste, ne pouvait compatir, ni aux prétentions outrecuidantes des turcarets du passage de l'Opéra, ni aux hautes considérations des politiques qui se faisaient les patrons malheureux de ces manieurs d'argent.

Les hommes de finance ont l'épiderme sensible. En quoi cependant les plaisanteries du théâtre ont-elles jamais gêné leurs spéculations? Quand l'auteur de *la Dame aux Camélias* attaqua à son tour ce vice du temps, le portrait de Jean Giraud excita les colères des financiers, et l'on vit l'un d'eux, homme d'esprit pourtant, prendre la plume pour morigéner l'écrivain. Un autre spéculateur non moins célèbre disait dans les couloirs de la Comédie-Française, le soir de la première représentation des *Effrontés* : « C'est avec de pareilles pièces que l'on perd les gouvernements! » Le gouvernement n'a point été de cet avis, et il a eu grandement raison; il a laissé faire la plupart du temps, et l'on est en droit d'affirmer que si des ouvrages, remarquables sans doute à plus d'un titre, tels que *la Question d'argent, la Bourse, les Effrontés,* n'ont point réussi à résumer d'un coup de crayon immortel la physionomie du Turcaret moderne, ce n'est point à l'absence de liberté qu'il faut s'en prendre.

La Dame aux Camélias restait interdite, malgré de nouvelles tentatives d'arrangement sous le ministre qui avait remplacé M. Léon Faucher. Survient le coup d'État, qui amène M. de Morny au ministère de l'intérieur; *la Dame aux Camélias* était sauvée. Quelques jours après le 2 décembre, le ministre fait appeler dans son cabinet la commission d'examen et lui tient un langage dont voici, non les termes rigoureusement textuels, mais le résumé exact : « La censure devra quelque peu modifier sa façon d'agir. Moins de liberté sur certains points, les circonstances l'exigent. Ainsi *Richard d'Arlington,* qui allait être repris, ne sera point autorisé (les scènes politiques qui remplissent une partie du drame motivèrent cette mesure). A d'autres points de vue, parfois plus de circonspection, parfois aussi une latitude plus grande laissée au théâtre. » Le ministre explique ses instructions. Il ne connaît que deux actes de la censure, tous les deux lui paraissent déplorables. *Mercadet* a été autorisé, *la Dame aux Camélias* est interdite. Vinrent ensuite, d'une part, des observations sur le rôle et l'importance des financiers dans l'État, d'autre part, des remarques morales et personnelles sur les femmes entretenues et sur l'innocuité de ces tableaux de mœurs. Cette exposition de principés fut faite et développée avec cet esprit net et ces formes polies qui caractérisaient M. de Morny. La conclusion naturelle était l'autorisation de *la Dame aux Camélias*. Toutefois, tenant compte de l'opinion convaincue de la commission, le ministre la dispensa de relire une fois encore l'ouvrage, et il la laissa complétement en dehors de la décision prise.

Les répétitions recommencèrent, et, un mois et demi après, le 2 février 1862, la pièce remportait le plus éclatant triomphe. Les applaudissements du public condamnaient-ils la censure ? avait-elle eu tort de persister dans son opinion ? enfin, comme cela a pu lui arriver parfois, s'était-elle trompée sur l'effet de la représentation ? La censure était restée dans la vérité. L'événement le prouva. *La Dame aux Camélias* ne fut point, ainsi que le prétendaient ses défenseurs, une œuvre exceptionnelle, une brillante fantaisie sans lendemain et sans portée.

Le théâtre était à une de ces heures de crise où, soit lassitude des esprits, soit préoccupation politique, l'attention se détournant de lui, il se traîne languissant et sans direction. Cette pièce lui ouvrait une voie nouvelle ; il s'y lança. En France, l'esprit d'imitation est étrangement développé. Promenez-vous dans les galeries de l'exposition de peinture ; cent tableaux vous rediront de suite quel fut le succès de l'an passé. *La Dame aux Camélias* fit école. Les habitudes de vie, les détails de mœurs et les propos cyniques de la débauche parisienne revendiquèrent, au nom du succès autorisé, leur droit d'entrée sur la scène. La commission d'examen résista avec opiniâtreté. Par des suppressions, par des modifications incessamment demandées, elle a la conscience d'avoir maintes fois contenu le débordement du mal ; mais le précédent était créé, et, trop souvent, excepté sous un seul ministre, ces peintures énervantes des mauvaises mœurs trouvèrent l'autorité supérieure facile et débonnaire. Ménagements malheureux ! c'est une voie en pente qui, d'une œuvre de talent telle que *la Dame aux Camélias*, aboutit aux Clodoches et aux obscénités des cafés chantants. Cette complaisance a été exploitée avec passion par les ennemis nés du théâtre et par les adversaires de la censure. Ils s'en sont fait, et s'en font aujourd'hui encore, une arme, et contre l'un et contre l'autre. Pour le théâtre, ils feignent d'oublier les œuvres élevées qui rachèteront devant l'avenir ces débauches de bas étage ; pour la censure, ils ne veulent point se demander et reconnaître à quel degré cette licence serait descendue si elle n'avait point rencontré une résistance devant elle.

Le théâtre ne fait point les mœurs d'un pays d'une façon absolue ; le plus souvent il n'est même que le reflet des mœurs du jour. Mais parfois, sous prétexte de peindre une maladie sociale, il la propage et il la développe. Ce fut ici le cas. Le théâtre se complut dans ces tableaux, non point par curiosité artistique, mais d'abord par esprit de lucre ; puis il s'y laissa aller par habitude et inconscience blasée des inconvénients, ainsi que font ces gens qui, vivant au milieu des odeurs nauséabondes ou des matières dangereuses, perdent le sentiment du goût et la préoccupation du péril. Les circonstances, d'ailleurs, secondaient cette expansion de l'immoralité publique.

Le règne qui vient de finir, entre autres buts sociaux, s'était proposé et s'efforçait de répandre le bien-être matériel dans toutes les classes par un large développement du crédit. Est-il toujours heureusement arrivé à ses fins? Ce n'est point le lieu d'examiner ici cette question. Ce que nous avons seulement à constater, c'est l'influence sur les mœurs de l'essor imprimé à la spéculation. La bourse, pendant des années, devint le centre de Paris, le cœur de la France. Un pareil mouvement ne se produit point sans remuer la vase sociale. On vit toute une population d'aventuriers et de joueurs effrénés se ruer dans cette âpre mêlée avec la même ardeur que naguère, en Californie, les déclassés du monde entier apportaient à la chasse aux pépites d'or. Mais, de même que l'or ainsi trouvé, les coups de bourse hardis, les fortunes scandaleusement échafaudées sur des opérations douteuses, la misère de la veille, la richesse du jour, l'incertitude du lendemain, mettent au cœur des besoins de jouir, de dépenser, de s'étourdir, et cela sans retard et sans frein. Aussi vit-on alors ce déchaînement des appétits brutaux, qui coïncida avec l'apparition de *la Dame aux Camélias* et se traduisit en France par une exubérance toute nouvelle de la vie de plaisir, surexcitée et enhardie par le genre de tableaux faciles dont vivait le théâtre.

Nous ne sommes point assez absolus pour prétendre rejeter sur *la Dame aux Camélias* toute la responsabilité de cette oblitération du sens moral et de cette infiltration de mœurs viciées qui ont été un péril et une honte pour la société française; mais il nous est impossible de ne pas croire que cette œuvre, qui a pesé d'une façon si complète sur toute la littérature de son temps, n'ait eu sa large part dans le développement de cette crise passagère.

Nous ne suivrons pas l'auteur dans les explications dont il entoure aujourd'hui son drame ; car nous pensons que les théories sociales, devenues maintenant le souci de son intelligence élevée, entrèrent moins qu'il ne l'indique dans les motifs qui inspirèrent l'œuvre. Il invoque Molière à l'appui de son droit de mettre en lumière la classe des femmes entretenues. Molière, dit M. Dumas, n'aurait point laissé passer ce monde nouveau sans en signaler au public le danger sérieux. La chose est vraisemblable. Mais comment l'aurait-il fait ? Là est toute la question. Aurait-il marqué la créature perdue d'un fer rouge, comme Tartufe ? l'aurait-il, au contraire, enguirlandée de roses, l'aurait-il présentée uniquement aimable et aimante, ainsi que le fait le drame moderne ? En sortant de la comédie qu'eût écrite l'auteur du *Misanthrope*, nous doutons qu'un fils ait répondu à son père, comme le fit un jeune homme enthousiasmé de Marguerite Gauthier. Le père, et c'est lui-même qui racontait un jour le fait à la commission d'examen, le père, auteur d'expérience et de mérite, s'effrayait de cette nature de pièces nouvelles et se préoccupait de l'envahissement du théâtre par ce personnel galant. « Tu auras beau dire, s'écria son fils, il n'y a que ces femmes-là qui sachent aimer. » Ce jeune homme était sincère et vrai ; c'est la seule leçon qui ressorte de l'ouvrage.

La comédie de mœurs, l'auteur la rencontra dans une de ses pièces suivantes, *le Demi-Monde*. Laissant la foule des glaneurs se partager la partie accessoire de son premier succès, il ne prit plus que les côtés saillants, les traits caractéristiques, mais généralisés, ce qui est le domaine du poëte comique, et il les assembla dans une physionomie théâtrale, la baronne d'Ange.

Le *Demi-Monde* fut autorisé sans difficultés. Il n'en avait pas été de même de *Diane de Lys*. Ce drame, interdit d'abord, fut autorisé quelques mois plus tard. Dans sa préface, en 1868, l'auteur demande pourquoi la pièce a été interdite, pourquoi elle a été rendue, et il s'écrie : Mystère ! Il nous semble que sa mémoire le sert mal. La première version de *Diane de Lys* n'avait pas été autorisée. Six mois après, le théâtre envoya à la commission d'examen un nouveau manuscrit du drame, dans lequel l'auteur avait apporté les plus grands changements. Les suppressions et les modifications portaient sur la physionomie morale des personnages, sur les théories émises tant sur l'adultère que sur le manque absolu d'honnêteté des femmes du monde. De plus, dans la version nouvelle, les caractères et les discours tendaient à rendre individuel ce qui était général dans la première édition. C'est ce manuscrit, croyons-nous, manuscrit si profondément remanié, qui fut rendu à l'auteur, afin qu'il complétât ce travail ainsi qu'il l'entendrait. Quant aux motifs qu'il donne de l'interdiction de la première édition de *Diane de Lys*, et notamment à cette idée de revanche que, dans sa préface récente, il prête à la censure, le trait peut être mordant, mais que l'auteur nous permette de le relever et de faire appel à son impartialité. La commission d'examen n'a pas habitué les théâtres à ces mesquines hostilités. Elle a su toujours se tenir en dehors de ces partis pris ridicules et même odieux. Parler de revanche, c'est là une de ces fantasmagories de petit journal dont nous regrettons de voir la trace dans le livre de M. Dumas. Ces imputations puériles se comprennent dans les ardeurs d'un premier mécontentement. Elles s'expliquent moins quand le temps aurait dû permettre à l'esprit d'équité de faire son œuvre pacificatrice. Les ouvrages de talent ne pouvaient d'ailleurs trouver de lecteurs plus sympathiques que les examinateurs. Lorsque, par profession, on vit au milieu des platitudes ou des grossièretés dont s'alimentent tous les théâtricules parisiens, on salue avec un plaisir tout particulier l'esprit et la pensée quand on les rencontre sur son chemin, et, si le censeur fait son devoir en donnant franchement son avis sur les questions morales ou politiques que peut soulever le drame, il n'est pas moins sympathique à ces œuvres, qui fournissent sans doute matière à des discussions et à des controverses, mais qui du moins maintiennent le théâtre dans le domaine de l'art.

Parmi les pièces qui succédèrent à *la Dame aux Camélias*, quelques-unes le prirent sur un ton très-haut, *les Filles de marbre*, par exemple, avec les mercenaires du vice. Les plus sûrs éléments de succès de ces pièces n'étaient point les tirades honnêtes et indignées du personnage qui représentait le chœur antique, mais bien plutôt les mœurs peintes à grands traits de ce monde à la mode. *Violettes et Camélias*, *Thérèse* et d'autres pièces, qui mettaient en lutte le monde des femmes honnêtes et des filles perdues, subirent les plus sérieuses modifications. *L'Amant aux Bouquets* fut refait trois fois avant d'être autorisé. Cette petite scène d'intérieur montrait les diverses catégories d'amants qui entretiennent simultanément ces femmes. Nous ne prétendons pas énumérer toutes ces pièces ; la liste en serait trop longue. Les petits théâtres, pendant des années, vécurent de ces mœurs licencieuses, de cette peinture pornographique, lorsqu'ils ne donnaient point l'éternelle revue aux couplets grivois sans doute, mais qu'il était du moins facile, par des suppressions de détail, de renfermer dans la réserve nécessaire.

Si nous avons longuement insisté sur *la Dame aux Camélias*, c'est que cette pièce et toutes celles qu'elle a fait naître diffèrent, par la contagion d'immoralité qu'elles portent en elles, de certains ouvrages graveleux. Ceux-ci soulèvent dans le public un scandale justifié, mais dont les effets choquants ne dépassent pourtant point les soirées qui le voient se produire. Prenons pour exemple un vaudeville du Palais-Royal, *la Sensitive*. Il était difficile de trouver une donnée plus scabreuse et plus voisine de l'obscénité. Le spectacle de cet homme, physiquement impressionnable comme une sensitive, et les détails de cette infirmité nerveuse, n'étaient tempérés par aucun ménagement. La commission d'examen proposa le refus de la pièce. C'était au mois de janvier 1860, aux derniers jours du ministère de M. Fould. Le ministre pensa que ce n'était point le moment d'inquiéter le théâtre pour une pièce de cette nature. Il ordonna de l'autoriser. La commission insista et elle obtint que les situations principales fussent quelque peu gazées, avant que le Palais-Royal pût jouer *la*

Sensitive. Le théâtre, pris d'inquiétude à son tour, fit refaire le second acte. La pièce, ainsi atténuée, passa ; elle réussit même, mais non sans amener les plus vives et les plus légitimes réclamations. Il est vrai de dire que le théâtre du Palais-Royal a un public spécial, qu'une plaisanterie un peu grasse n'effarouche pas. Aussi des grivoiseries poussées à l'extrême, ainsi que *la Sensitive, le plus Heureux des trois, les Noces de Bouchencœur*, etc., etc., s'y produisent sans conséquences trop graves. Immorales en soi, et surtout très-choquantes pour les esprits sains et délicats, leurs situations scabreuses n'exercent point une influence aussi délétère que certaines œuvres moins révoltantes, mais plus doucereusement vicieuses. Elles amusent les blasés, disons plus, si l'on veut, les pervertis ; elles froissent les intelligences honnêtes et candides, égarées volontairement dans ces lieux connus ; mais elles ne les démoralisent, ni ne les corrompent.

Un ministre, avons-nous dit, essaya de réagir contre l'envahissement du théâtre par le monde des filles perdues, ce fut M. Walewski. La question de la propriété littéraire, dont M. Walewski s'est occupé avec un zèle que les écrivains ne sauraient méconnaître, témoigne du sentiment sincère de sympathie qu'il avait pour les lettres. La censure n'en fut pas moins une de ses plus vives préoccupations. Les instructions qu'il s'empressa de donner à la commission d'examen forment une contre-partie singulière avec celles de M. de Morny. Il signala à la sévérité du comité d'examen les données scabreuses, l'exploitation du vice, l'exhibition perpétuelle des drôlesses ; il fit plus ; il prévint directement les auteurs dramatiques de ses intentions et il les engagea à sortir de l'ornière dans laquelle se traînait le théâtre. Il recommandait également à la censure de se montrer tolérante pour la politique ; mais l'affaissement de la vie publique au théâtre ne lui donna pas lieu de faire voir comment il aurait appliqué ce principe. Un entretien qu'il eut à ce sujet avec les examinateurs donne lieu de penser qu'il aurait rencontré dans la pratique les mêmes embarras que ses prédécesseurs. Un membre de la commission, désireux de sortir des généralités, voulut avoir des instructions plus précises ; car, en fait de censure, chaque question est tellement spéciale, que l'on ne saurait trop expliquer un ordre général et absolu. Aussi cet examinateur, prenant une question financière qui était l'événement du jour, demanda ce qu'il y aurait lieu de faire si, par hasard, un théâtre apportait une actualité critiquant la mesure projetée. « Ceci est différent, s'écria le ministre ; il y aurait là une question d'à propos à examiner. »

A M. Walewski succéda le maréchal Vaillant. Esprit élevé et bienveillant, le maréchal était animé des meilleures intentions pour les théâtres. Mais ses aptitudes et ses goûts l'entraînaient plus vivement vers les hautes spéculations de la science que vers le monde des théâtres ; aussi se borna-t-il le plus souvent à se tenir au courant des questions qui se présentèrent et à s'en faire rendre compte. Ce fut entre les mains du directeur général de l'administration des théâtres, M. Camille Doucet, que se concentra cette partie du service. Ce n'est point à nous qu'il appartient de retracer la physionomie administrative de M. Camille Doucet ; notre plume serait suspecte. Nous avons cependant le droit de dire que les auteurs dramatiques se montreraient profondément ingrats envers leur confrère, renfermé aujourd'hui dans le monde des lettres et dans les travaux académiques, s'ils oubliaient jamais les efforts de bienveillance, l'activité, le dévouement et l'esprit de conciliation qu'il n'a cessé de mettre au service de leur cause.

Pour ramener le théâtre dans la voie d'honnêteté prescrite par M. Walewski, il fallut interdire un certain nombre de pièces consacrées aux scènes de libertinage vulgaire. Citons, entre autres, un grand drame, *Baptista*, deux vaudevilles, *les Amants de la dame de pique*, *les Femmes sérieuses*. Ces deux dernières furent représentées plus tard. Ce sytème de sévérité exaspéra les auteurs. Survint une affaire qui fournit aux mécontentements un prétexte pour éclater, l'interdiction des *Diables noirs*, de M. Sardou. Peinture de mœurs très-osée, cette pièce avait soulevé de vives objections, surtout en présence des instructions récentes. M. Walewski en prononça l'interdiction. Le théâtre était prêt à jouer *les Diables noirs*; aussi se plaignit-il vivement de la mesure, et il eut, pour l'appuyer, les auteurs que les rigueurs nouvelles avaient atteints ou du moins inquiétaient. Les journaux se firent les échos de ces plaintes; alors *le Moniteur* retraça dans un communiqué l'historique de l'affaire. Ce communiqué établit que la pièce a été examinée et que la décision a été rendue dans les plus brefs délais. L'interdiction des *Diables noirs* donna lieu aux plus malveillants commentaires; nous n'avons point à les rapporter, n'ayant jamais connu aucune preuve qui les justifie. La malignité publique s'accommode si facilement d'un mauvais propos! La seule chose que nous sachions, c'est que, quelques mois plus tard, l'auteur apporta de sérieux adoucissements à son drame, qui alors fut autorisé et représenté.

M. Sardou, le plus brillant et le plus ingénieux esprit qui se soit révélé au théâtre dans ces dernières années, se plaît aux hardiesses qui sortent du banal. Ces hardiesses, unies à une science profonde de la scène, forment l'originalité de son talent. Le premier jet de ses œuvres porte la trace de ces vivacités d'imagination qui, parfois, bien qu'atténuées par la censure, n'ont point laissé de soulever dans la presse et dans le public de bruyantes récriminations. Rappelons notamment la scène du troisième acte des *Intimes*. La poursuite passionnée, la lutte, le dialogue brûlant, avaient été réglés à la commission par l'auteur lui-même avec le soin le plus diligent. La scène néanmoins parut à bien des gens, qu'elle choqua, dépasser les limites acceptables. Nous n'entrerons point dans le détail de chacune des discussions auxquelles donnèrent lieu les comédies de M. Sardou; elles furent parfois des plus vives; mais presque toujours elles se terminèrent par des concessions qui estompaient certains tons trop crus, mais qui n'ôtaient rien à la valeur de l'ouvrage. Le succès le prouve. Les audaces de ces pièces étaient encore assez grandes pour que les autres auteurs qui voulaient user du même procédé dramatique, sans avoir le talent et l'habileté de le mettre en œuvre, ne cessassent de s'en faire un argument contre les sévérités qui les touchaient et qu'ils prétendaient tous leur être personnelles.

Disons à ce propos qu'il se passait peu de jours où la

commission n'assistât à un singulier et triste spectacle.
C'était le reproche continuel de libertés excessives lais-
sées au voisin, l'indignation scandalisée contre l'œuvre
jouée la veille, la plus amère critique de l'autorisation
accordée à un confrère, enfin l'éternelle histoire de la
paille et de la poutre. Et cela, dans la bouche d'écrivains
qui ne trouvaient rien de mieux pour défendre une
gaillardise ou une immoralité que de se faire, aux dépens
de leurs confrères, une pudeur de circonstance. On
avait fini par devancer ce refrain accusateur sans cesse
répété et par l'arrêter sur les lèvres entr'ouvertes; mais
on se demandait à quels curieux résultats on arriverait
si, prenant au mot dramaturges et vaudevillistes, on se
donnait le malin plaisir de remettre à ces confrères
bienveillants la censure réciproque de chacune de leurs
œuvres.

Lorsque nous signalions plus haut le mouvement qui
se produisit, au commencement de l'empire, dans les
mœurs publiques, il est une des conséquences de ce
mouvement dont nous n'avons point parlé et qui eut
son grand retentissement au théâtre, le luxe et ses folles
exagérations. Le développement insensé du luxe fut fa-
vorisé, d'un côté, par les tendances de la haute société
parisienne et par les excentricités de ces nobles étrangères qui se précipitaient dans Paris devenu pour elles le
cabaret de l'Europe; d'un autre côté, par l'importance
donnée aux filles entretenues et par l'espèce de lutte
engagée entre les notoriétés du vice et les femmes honnêtes de toutes les classes. Le théâtre naturellement
s'empara de cette donnée. Parmi les nombreuses pièces
qui traitèrent ce sujet, deux se détachent plus impor-

tantes que les autres, l'une touchant à la situation la plus grave peut-être qui soit née de la folie du luxe, *les Lionnes pauvres*, l'autre présentant un tableau d'ensemble curieux et vrai, *la Famille Benoîton*.

Les Lionnes pauvres donnèrent lieu à un démêlé qui fit quelque bruit. La commission d'examen avait présenté sur l'ouvrage, tel qu'il lui avait été adressé, des observations que le ministre avait admises en parfaite connaissance de cause. Étaient-elles un peu exagérées? C'est possible. L'auteur eut-il avec un des censeurs quelque difficulté personnelle? Nous l'ignorons; une note de la préface le laisse supposer. Mais M. Fould, ainsi que le dit l'écrivain, était-il sans pouvoir pour rendre, malgré l'avis de la censure, une pièce qu'il approuvait? Qu'il nous soit permis de sourire aujourd'hui de cette humilité de convention du ministre autoritaire et absolu. Le ministre poussa jusqu'au bout la plaisanterie en prêtant à la commission le désir ridicule de voir l'héroïne mourir de la petite vérole. L'auteur usait de son droit en se faisant une arme de ces puérilités. Mais le ministre aurait pu penser que, dès qu'il se rendait l'organe de ces prétentions et se retranchait derrière elles, il les prenait forcément à son compte et que, dès lors qu'il ne remettait point, séance tenante, à l'écrivain assis dans son cabinet la pièce autorisée, ainsi que c'était son droit, il acceptait implicitement la responsabilité des embarras que subissait le drame. Nous croyons qu'il y a eu, au fond de toute cette affaire, un malentendu regrettable qui, en présence d'une œuvre vraiment remarquable, aurait pu prendre fin sans qu'il fût nécessaire de recourir à l'intervention protectrice et toute-puissante de Son Altesse le prince Napoléon.

La Famille Benoîton résuma de la façon la plus heureuse tous les côtés comiques et dramatiques du travers de l'époque. Cette pièce, qui n'a pas ramené à la raison une seule des affolées du luxe, mais qui n'en restera pas moins une date dans l'histoire des mœurs en France, passa sans difficultés. Certaines personnes firent à la censure, au sujet de cette pièce, un reproche dont elle n'avait pas à s'émouvoir. Elles s'en prirent au rôle de l'enfant et trouvèrent mauvais que l'on eût laissé dans la bouche de Fanfan les locutions d'argot dont se sert avec tant d'aplomb ce digne produit de l'éducation contemporaine.

La commission d'examen, à une certaine époque, fut amenée à se préoccuper de l'argot au théâtre. Sous le ministère de M. Fould, le 24 avril 1858, les directeurs de théâtre et la commission reçurent cette circulaire :

« Monsieur le directeur,

« Je vois avec regret s'introduire de plus en plus dans le langage du théâtre l'usage des locutions vulgaires et de certains termes grossiers empruntés à l'argot. C'est là un mauvais élément de bas comique dont le bon goût se choque et qu'il ne m'est pas permis de tolérer davantage. La commission de censure vient de recevoir à ce sujet des instructions sévères, et je m'empresse de vous en prévenir, en vous priant de me seconder de votre légitime influence.

« Toutes les œuvres dramatiques ne sont pas, sans doute, assujetties à la même pureté de langage. La diversité des genres implique et autorise la diversité des formes; mais, pour les théâtres, même les plus frivoles, il est des règles et des limites dont on ne saurait s'écarter sans inconvénient et sans inconvenance.

« Recevez, etc.

« *Le ministre d'État,*
« Achille Fould. »

La mesure était bonne, en tant qu'elle empêchait la langue du bagne ou du ruisseau de prendre droit de cité au théâtre. La censure, d'ailleurs, depuis 1850, avait toujours lutté, et jamais elle n'a cessé de le faire, contre cette intrusion dégradante de la langue du crime, qui, passée en habitude, abaisse le niveau moral du pays. La circulaire ne dépassait-elle point le but en s'attaquant à ces locutions fantaisistes, de mauvais goût, sans doute, mais plus étranges encore que grossières? Où s'arrêter dans cette proscription? Le point juste est si difficile à trouver que, dans cette guerre aux locutions vicieuses, on bat toujours en retraite. Ce que l'on a interdit l'an passé est devenu peu à peu d'un usage assez commun pour qu'il ne soit plus permis de lui fermer le passage, et, une à une, toutes les trivialités argotiques passent par les mailles du filet; c'est que la censure se trouve sur un terrain mauvais, et qu'elle a toujours pris à tâche d'éviter le terrain du goût. Les questions de goût lui échappent, de même que les questions littéraires.

Il n'est rien de plus bizarre que d'entendre sans cesse des gens, dont certaines comédies blessent le sens intime et l'esprit, s'écrier : « Comment autorise-t-on des pièces pareilles? C'est rabaisser, dépraver le goût public, tuer par le rire, par *la blague*, tous les respects traditionnels, etc...? » Le mal était réel dans une certaine limite. Le remède n'appartenait en rien à la censure. Certes ce théâtre, frondeur du passé, battant en brèche toutes les croyances, caricaturant les légendes de la poésie et de l'histoire, ridiculisant les sentiments acceptés, ce théâtre irrévérencieux et gouailleur, qu'a brillamment inauguré la spirituelle bouffonnerie, *la Belle Hélène*, a eu son rôle dans le travail lamentable auquel nous assistons, depuis quinze ans, de scepticisme absolu, de matérialisme triomphant, de désagrégation sociale. Mais la censure devait-elle, pouvait-elle arrêter ces pièces? Elle a été très-vivement préoccupée de ces œuvres, de leurs tendances, de leurs effets trop prévus; elle les a fait modifier autant que son rôle lui permettait de le faire; elle n'avait point à aller plus loin, sans courir le danger de voir bientôt aux questions de morale, sur lesquelles l'accord est vite fait, se substituer des appréciations et des jugements littéraires essentiellement variables, selon les tendances, les goûts et l'esprit de chacun. Ce sont là matière délicates, dont le jugement appartient au public; malheureusement il est apathique, et ses révoltes, s'exhalant en récriminations tardives, rejettent, par une vieille habitude française, sur l'autorité une responsabilité qui incombe à lui seul.

Il suffit, pour montrer où cet ordre d'idées peut conduire, de citer l'affaire du *Joueur de flûte* de M. Émile Augier. *Le Joueur de flûte* était une petite comédie en vers, assez leste de fond et de forme. La censure l'avait autorisée en ces termes : « La couleur grecque, la scène à laquelle la pièce est destinée, le talent que l'on trouve dans cette œuvre ne permettent pas d'y appliquer les lois de la censure absolue. Quelques passages trop vifs ont été modifiés, et nous pensons que la pièce peut être autorisée pour le Théâtre-Français. » *Le Joueur de flûte* fut en effet représenté. Quelque temps après, le Théâtre-Français cessa de jouer la comédie de M. Augier. S'il est vrai que cette suppression tacite soit venue, ainsi que la chronique du temps le prétendit, de l'impression produite par la pièce sur une haute personnalité, ce serait là un cas de censure littéraire et de censure de caprice, en dehors de la commission d'examen. La suppression de cette comédie fut révélée par le fait suivant: Quand le prince Napoléon inaugura le fameux palais pompéien de l'avenue Montaigne, il y donna une fête antique, dans laquelle figurait *le Joueur de flûte*, et le programme princier portait cette mention : *Invito censore*. Nous nous bornons à relever et à signaler cette annotation. Ajoutons que, quand la Comédie-Française voulut reprendre *le Joueur de flûte*, personne ne songea à s'y opposer.

Lorsque les théâtres inférieurs eurent épuisé les tableaux de la débauche parisienne, les appétits émoussés du public demandèrent d'autres épices. C'est alors que les danses échevelées des bals publics envahirent la scène. Le mal, commencé par la prose de quelques vaudevilles, continua par les excentricités grossières de la mimique. Le premier soir où l'héroïne de Mabille et d'Asnières, Rigolboche, vint se déhancher sur un théâtre et lancer son pied au nez de ce public de digéreurs, comme un directeur définissait spirituellement ses clients, l'inspecteur des théâtres, indigné, demanda que Rigolboche fût renvoyée sans retard à son jardin de tolérance. Ses observations ne furent point écoutées. Rigolboche devint une célébrité ; elle trouva un historiographe et le théâtre du Palais-Royal en fit l'héroïne d'un long vaudeville des plus vifs, trouvant ainsi le prétexte d'exhiber à son tour les merveilles du cavalier seul. Le cancan était maître de la place ; il s'imposa à tous les théâtres. Ce fut la danse nationale et, sous ce titre vraiment honorable pour la France, on vit des sauteuses connues la promener à travers les capitales de l'Europe. A ces danses éhontées que l'on fit exécuter, même par des enfants, vinrent se joindre des féeries d'un genre nouveau. Ce n'était plus la féerie du bon vieux temps avec ses trucs ingénieux, ses naïvetés un peu enfantines, mais de bonne humeur. Sous prétexte d'art plastique, ces féeries déroulaient leurs immenses cortéges féminins, remplaçant trop souvent esprit et trucs par ces vastes décors uniformément composés des mêmes amoncellements de femmes nues, éblouissantes orgies de chair humaine. On a beaucoup reproché à l'administration ces nudités effrontées ; elle était sans force contre l'entraînement du public et contre l'impunité à peu près assurée à tout ce personnel de hasard, qui ne s'enrôle dans ces exhibitions productives que pour montrer ses formes et qui emploie son temps à lutter de ruse avec le théâtre, avec les costumiers, avec les habilleuses, afin d'arriver à se glisser devant la rampe le plus nu qu'il lui est possible.

Un acte des plus graves, la liberté des théâtres, ne

peut être passé sous silence ; car il touche aux questions d'honnêteté publique par l'influence qu'il eut sur le monde dramatique de ces dernières années. Si ce décret libéral fut très-favorable aux intérêts intelligemment compris de l'administration, il servit moins bien les intérêts des théâtres et ceux de la morale.

L'émancipation de l'industrie théâtrale délivra l'administration des lourdes responsabilités que faisaient peser sur elle la nomination et la surveillance des directeurs. Ceux-ci pouvaient dorénavant conduire leurs affaires aussi mal qu'il leur plairait, se montrer maladroits, insuffisants, peu scrupuleux même, sans que le gouvernement, délivré de cette tutelle, eût à subir les reproches, parfois même les calomnies, que certains choix lui attiraient. Un théâtre devenait donc, et non sans raison, une maison de commerce qui s'ouvrait librement. La nature toute spéciale de l'exploitation nécessitait une surveillance particulière. Telle fut la doctrine qui prévalut au Conseil d'État et qui, après une sérieuse discussion, tempéra la liberté industrielle par le maintien de la censure préventive.

Pour les théâtres eux-mêmes, le décret leur servit peu. Ils ne se souciaient guère de l'ancien répertoire. Après quelques représentations de *Tartufe*, on ne vit plus reparaître les ouvrages classiques que dans les matinées littéraires de la Gaîté. Le privilége était aboli ; mais jamais privilége n'avait été refusé à une combinaison offrant la moindre garantie. Le nombre des théâtres, le prix du terrain, l'élévation des loyers ne laissaient la porte ouverte qu'à des entreprises de bas étage.

Le côté fâcheux de la liberté des théâtres fut la lutte inégale qui, malgré le texte formel de l'article 6, s'établit, comme conséquence tacite du décret, entre les théâtres vraiment dignes de ce nom et les cafés-concerts, qui pullulèrent bientôt aux quatre coins de Paris, ainsi que ces petites scènes, espèces de bouges dramatiques, qui naissaient de droit, mais pour mourir, renaître et mourir de nouveau. En présence de l'envahissement de ces théâtres du plus bas niveau, la seule digue qui aurait, sinon arrêté, du moins contenu le torrent, c'eût été une sévérité ferme et suivie dans l'examen des opuscules destinés à tous ces établissements. Le talent, les efforts généreux, les aspirations littéraires ont droit à des ménagements et à des franchises qu'une censure intelligente ne saurait méconnaître. Un directeur de théâtre, avec le cortége d'intérêts sérieux qui dépendent de son succès, exige une bienveillance sympathique. Mais quel rapport y avait-il entre l'art, le théâtre, les lettres, et les gravelures que, dans leur tabagie, des débitants de bocks et d'alcool servaient à leurs habitués, comme un supplément de consommation? quel intérêt pouvait plaider en faveur de ces élucubrations grossières qui s'accumulaient toutes les semaines sur la table de la commission? Le succès d'une artiste originale élargit encore les limites de ce genre ultra-grivois. La chanteuse avait pour excuse dans sa vulgarité de très-réelles qualités de diction. Ses rivales, ses imitatrices durent demander le succès à une accentuation plus triviale, à un répertoire chantant plus dégradé. Quand on s'abandonne sur cette voie, le libertinage d'esprit devient une telle habitude, qu'il tue le sens moral et les plus licencieuses grossièretés en arrivent à ne paraître à leurs auteurs que d'inoffensives et badines grivoiseries.

La commission d'examen a eu le regret de sentir parfois l'administration supérieure hésitante dans cette lutte contre le flot montant. On ne voyait trop dans chaque affaire qu'un incident particulier : on ne se rendait pas assez compte que chacune des autorisations arrachée à force d'obsessions formait l'anneau d'une chaîne sans fin. Une chansonnette grivoise et immorale est si peu de chose en soi, son autorisation semble, et, isolée, elle serait en effet de si mince importance, que s'opiniâtrer dans un refus paraît un entêtement ridicule. La persistance dans des observations convaincues est presque taxée d'obstination, de parti pris, et l'on passe outre. Mais à l'obscénité d'hier succède fatalement l'obscénité de demain. La chanson, autorisée par tolérance pour les buveurs de la tabagie, se glisse un soir sur une véritable scène, c'est la curiosité alléchante d'un spectacle à bénéfice. Peu à peu, des théâtres, jaloux du succès si préjudiciable à leurs intérêts de ces fantaisies de haut goût, se jettent sur le même terrain, afin de combattre avec leurs propres armes ces rivalités malsaines. De cette lutte sort tout un filon nouveau. Ce n'est plus à s'élever, mais à descendre que tendent les aspirations dramatiques. Alors les petits théâtres, qui tiennent dans la vie et les habitudes parisiennes une importance que l'on ne saurait méconnaître, appliquent à leurs pièces le système d'audace dans la gravelure mis à la mode par les chansonnettes, et de là so tent ces folies incohérentes qui, dans ces dernières années, ont été la fortune de quelques scènes et la joie d'un public énervé. « Je veux être drôle, vous ne pouvez pas m'empêcher d'être drôle, » s'écriait l'an passé, à la commission, l'auteur d'une de ces pièces. Les détails et les couplets que l'auteur des *Turcs* défendait avec cette ardeur étaient-ils aussi drôles qu'il le prétendait? Cette question nous échappe; mais ils étaient tout au moins des plus croustilleux, et la commission, en essayant de faire prévaloir son opinion sur leur compte, restait dans ses attributions les plus strictes.

Le nombre des chansons et des scènes interdites fut très-considérable; on en ferait un répertoire curieux. Ce nombre toutefois aurait pu avec avantage être considérablement accru. En dernier lieu, depuis le 2 janvier 1870, la tolérance se changea en une liberté que l'on aurait pu croire absolue, si l'on ne savait déjà, par ce qui est chanté dans Paris, ce que se permettent les cafés chantants et ce qu'accepte le public. A cette époque, l'examen n'était presque plus qu'une vaine formalité. Les intéressés eux-mêmes restaient étonnés de la facilité qu'ils rencontraient. On raconta même que le chef de l'un des établissements les plus connus de Paris n'avait osé faire exécuter la chanson qui lui était rendue. Ces franchises partaient du sentiment le plus libéral; mais la liberté la mieux entendue et le libéralisme le plus sincère n'ont rien à démêler avec ces questions de salubrité morale et avec ces exploitations licencieuses; nous sommes convaincus que l'expérience aurait bientôt fait céder les théories de politique spéculative qui dictaient cette conduite, devant les nécessités de l'ordre social et des mœurs publiques.

III

LA POLITIQUE AU THÉATRE

Les questions politiques auxquelles peuvent donner lieu les œuvres théâtrales sont de trois sortes. Les unes naissent des susceptibilités internationales et des ménagements diplomatiques, les autres proviennent des incidents de la politique militante et journalière, d'autres enfin de ce que nous appelons la politique sociale.

I

LA POLITIQUE INTERNATIONALE

Exclusion de la politique internationale.—*Charles VI.*— La pièce militaire. — *Les Cosaques.* — *La Grande-Duchesse de Gérolstein.* — *L'Étoile du Nord.* — *Les Prussiens en Lorraine.*

Sous l'Empire, les pièces de nature à blesser les nations étrangères ont été systématiquement écartées de la scène jusqu'au jour où, la guerre éclatant, on se servait du théâtre comme d'un stimulant pour l'esprit public. Cette abstention, honorable et chevaleresque sans doute, est un peu candide. Dans des questions de cette nature, à quoi bon ces scrupules délicats, si les pays étrangers ne les connaissent point à notre endroit? Or en est-il beaucoup qui apportent vis-à-vis de nous la même réserve? D'ailleurs, ces appels au patriotisme contre les étrangers ne produisent point toujours leur effet. Il faut que les circonstances leur donnent un sens spécial. Une épreuve récente l'a montré. L'opéra de *Charles VI* ne se jouait plus à Paris depuis de longues années. On ne voulait point donner lieu à une explosion de la vieille antipathie française contre l'Angleterre. *Charles VI* a été autorisé. Le chœur attendu a été chanté; mais, comme, à ce moment même, rien dans les préoccupations du jour ne lui prêtait une signification agressive, il ne souleva aucune passion et laissa le parterre indifférent. Ceux qui se plaignent le plus du frein mis au chauvinisme des coupletiers se montreraient plus modérés dans leurs regrets, s'ils examinaient les élucubrations qui, aux heures de crise nationale, envahissent les scènes de second ordre et les cafés-concerts. Elles sont si platement fanfaronnes et si grossièrement injurieuses, que la dignité nationale se sent prise de pudeur au spectacle de toute cette spéculation lyrique et dramatique, sans talent, sans souffle, trop souvent sans rhythme et sans rime. Ils verraient ce que sont le patriotisme et le bon goût de ces coureurs d'à-propos, économes de leur veine, qui appliquent leurs couplets enflammés tour à tour aux Russes, aux Autrichiens, aux Prussiens. Nous ne saurions oublier la prudence de ce chansonnier qui, à la naissance du Prince Impérial, avait adressé à l'avance deux cantates, la première pour une fille, la seconde pour un fils ; ni la précaution de cet autre qui, aux premiers jours d'août 1870, pour n'être point devancé dans son lyrisme patriotique, envoyait, en prévision de la victoire attendue, un chant de triomphe; disons cependant qu'il laissait en blanc le nom de la bataille.

Les ménagements diplomatiques avaient rendu les pièces militaires excessivement difficiles. Nous ne dirons point qu'ils les ont tuées. La disparition de la pièce militaire tenait à une autre cause. Le même esprit d'opposition, qui est le caractère essentiel du Parisien, avait, sous le règne de Louis-Philippe et sous la République, fait la popularité de ce genre de spectacle; il devait amener son insuccès sous le gouvernement bonapartiste. Toutefois, il faut reconnaître, avec les directeurs du théâtre du Cirque, que le genre était rendu à peu près impossible; car, dans une bataille, pour qu'il y ait un vainqueur, il faut qu'il y ait un vaincu.

La figure de Bonaparte, qui suffisait jadis à remplir ces pièces et à assurer leur fortune, avait perdu tout son prestige. Le gouvernement le sentit si bien qu'à un moment, sur un avis du maréchal Vaillant, elle disparut à peu près complétement de la scène. Le même sentiment de respect pour la physionomie de Napoléon avait fait interdire le prologue de *Malheur aux vaincus!* qui, tout en laissant l'Empereur hors de la vue du public, présentait un tableau saisissant de sa chute, de son départ de la Malmaison, et des lâches trahisons qui accompagnèrent cette heure sombre.

A diverses reprises, l'état des relations de la France avec la Russie eut un contre-coup curieux au théâtre. Ainsi le drame *les Cosaques* fut, lors de son apparition, l'événement du jour. Il a joué son petit rôle dans les graves préoccupations qui troublaient la paix de l'Europe. En 1854, lorsque les affaires d'Orient laissèrent pressentir de sérieuses complications, les auteurs, qui sont à l'affût des actualités, se mirent à l'œuvre en toute hâte. Le drame de M. Arnault arriva le premier. Il était alors intitulé : *les Cosaques au bois de Boulogne*. La guerre n'était point encore déclarée. On se demanda si c'était le moment de lancer sur la scène cette attaque, très-patriotique certainement, mais qui devait blesser, à une heure inopportune, l'empereur Nicolas, et, si l'on s'en rapporte aux rumeurs arrivées de Saint-Pétersbourg lors de la représentation des *Cosaques*, le Czar aurait à ce sujet manifesté très-haut et en public une vive irritation. On pensa qu'il fallait attendre avant de se jeter dans cette voie d'excitations populaires. Les auteurs reprirent leur pièce et la remanièrent. Au lieu de se terminer en 1815, par l'installation des Cosaques au bois de Boulogne, le drame se passa en 1814, et le dénoûment montra les Cosaques vaincus à Montmirail. Un rôle de royaliste, ami des alliés, disparut. Le travail une fois terminé, l'auteur se rendit à Dieppe, où se trouvait l'Empereur, et là, grâce à l'appui d'un personnage influent de la cour, il fit écouter sa réclamation. La pièce nouvelle fut autorisée. Cette autorisation avait un caractère politique. Le chef de l'État voyait dans la représentation de ce drame au boulevard du Temple l'occasion de sonder l'opinion parisienne sur la guerre. Mais elles sont trompeuses, ces explosions de chauvinisme théâtral. Ces enthousiasmes trahissent peut-être l'efflorescence d'un certain mouvement patriotique; mais le plus souvent ils ne sont que le débordement de la nature exubérante et vantarde du public français. Le drame réussit bruyamment; la manifestation se produisit avec tout le fracas désiré. Pendant de longs soirs, le massacre des Cosaques fit le bonheur des habitués de la Gaîté. L'Empereur laissa même annoncer qu'il irait voir la pièce. Cependant il ne s'y rendit point. Les bruits du jour prétendirent que les observations des ministres et de quelques diplomates lui avaient fait abandonner ce projet. Plusieurs années plus tard, nos rapports avec la cour de Russie ayant changé de tournure, une reprise des *Cosaques* fut ajournée. Autorisés de nouveau en 1870, *les Cosaques* reparurent; ils avaient dû jadis le meilleur de leur succès aux circonstances. Cette fois, les plaisanteries surannées et les injures vieillies trouvèrent le public froid et distrait.

La Grande-Duchesse de Gérolstein fut jouée quelque temps avant l'Exposition universelle; on se souvient de ce détail piquant de la visite de l'empereur de Russie. Le jour où le Czar se rendit à Paris, il fit télégraphier le matin, de Cologne, afin qu'on lui gardât, le soir même, une loge au théâtre des Variétés. En effet, entré à Paris à six heures, trois heures après il assistait à la représentation de *la Grande-Duchesse de Gérolstein*. Y avait-il dans cet empressement la simple curiosité d'un touriste couronné, dont le temps est compté, qui tient à voir un des succès du jour et une actrice à la mode? Que la spirituelle et égrillarde comédie de MM. Halévy et Meilhac, que la musique d'Offenbach, que les grâces audacieuses de mademoiselle Schneider, que tout cet ensemble si essentiellement parisien ait attiré le prince russe, c'est incontestable. Mais cette visite précipitée avait, croyons-nous, un autre motif. Le gouvernement russe se préoccupe, et en général il est très-bien informé, des grandes comme des petites choses qui se passent chez nous. Or, longtemps avant que la pièce fût représentée, des journaux indiscrets et des cancaniers de boulevard avaient fait courir le bruit que l'héroïne de la nouvelle bouffonnerie serait la grande Catherine, et qu'à la parodie de la vieille Grèce succéderait par conséquent une caricature de la cour de Russie. L'administration s'en montra préoccupée. La pièce pouvait blesser le gouvernement de Saint-Pétersbourg; puis un portrait de Catherine, dessiné par ces crayons hardis, promettait un tableau de mœurs intimes des plus risqués. Les auteurs n'avaient-ils pas eu l'idée qu'on leur avait prêtée? y avaient-ils renoncé d'eux-mêmes, prévoyant des difficultés? Nous n'avons point à le savoir. Quand la pièce arriva à la censure, l'héroïne n'était pas Catherine, mais une grande-duchesse indéterminée. Le titre et quelques passages semblèrent encore impliquer un peu trop une pièce russe. Ces scrupules servirent les auteurs. Forcés de chercher une échappatoire, ils firent l'heureuse rencontre du grand-duché de Gérolstein. Transportée dans ce milieu fantaisiste, la bouffonnerie n'était plus la parodie spéciale d'un pays; elle se transformait, dans certaines de ses parties, en une satire humouristique et cosmopolite; quelques-uns de ses personnages, ainsi généralisés, celui de Boum, par exemple, devenaient des types justement populaires. Pour en revenir au Czar, nous avons lieu de penser que, s'il montra un tel empressement de voir *la Grande-Duchesse de Gérolstein*, cette curiosité tenait aux mille bruits qui avaient couru au sujet de cette pièce sur le boulevard Montmartre, et dont l'écho était parvenu jusqu'aux bords de la Néva.

Les événements qui se préparaient (on était aux premiers jours de 1854) donnèrent une certaine importance politique à la première représentation de *l'Étoile du Nord* et appelèrent l'attention du gouvernement sur cet opéra. Toutefois la question artistique l'emporta, et une note insérée au *Moniteur* avant la représentation prévint toutes les susceptibilités diplomatiques, en expliquant qu'un opéra n'est pas une pièce de circonstance, et que l'on ne saurait, dans un ouvrage où les intérêts de l'art étaient tellement en jeu, attacher au poëme une importance exagérée. Plusieurs années plus tard, lorsque l'insurrection polonaise éclata, on interdisait un drame, *les Polonais*, et les chants de circonstance étaient, ou supprimés, ou tout au moins fortement adoucis.

Quand on entre trop complétement dans la voie des ménagements politiques, on est entraîné aux décisions les plus contraires. Un jour on protége la Russie, un autre jour on fait jouer *les Cosaques*. Les Autrichiens, au mois de mai 1859, seront livrés aux auteurs. Au mois de juillet, la paix intervenant au milieu des répétitions d'un drame, *les Étapes de la gloire*, amènera dans ce drame de graves perturbations. Plus tard, *le Nouveau Cid*, de M. Hugelmann, drame en vers, qui met en scène la campagne de 1859, ne sera représenté qu'après de nombreux sacrifices.

Cette même courtoisie internationale fait interdire, en 1869, la reprise des *Prussiens en Lorraine*, vieux mélodrame qui mettait en scène les barbaries commises par les envahisseurs en 1815. On ne voulait point froisser l'ambassade prussienne. La guerre implacable de 1870 a répondu à ces procédés délicats. Il est vrai qu'il est difficile de dire à quel degré de vantardise et de grossièreté en arrivèrent les à-propos joués et chantés à Paris au mois de juillet 1870. Il nous semble que cette question étrangère aurait pu être envisagée à un double point de vue. Il est, d'une part, profondément regrettable que le théâtre entretienne, sans profit et sans but, par des insultes ou par des railleries maladroites, ces animadversions de race, absurdes préjugés dont il appartient au temps et à la civilisation de faire justice; d'autre part, à côté de ces agressions systématiques, il y a l'histoire qui veut n'être pas désapprise; il y a les grandeurs et les infortunes nationales qu'il est mauvais de laisser trop profondément oubliées. Sachons respecter les étrangers; ne nous montrons pas, quelles que soient les circonstances, grossièrement injurieux à leur endroit, et cela par respect pour nous-mêmes plus encore que par respect pour eux; mais aussi, en temps ordinaire, laissons plus librement la parole à l'histoire et n'exagérons point les égards dus à une diplomatie trop chatouilleuse. D'ailleurs, elle se choquerait d'autant moins qu'elle nous saurait plus résolus à nous montrer indifférents à des scrupules exagérés. Puis, de quel poids ces complaisances pèsent-elles dans la balance? qui s'en souvient même le jour où l'allié se changeant en ennemi, les masques tombent et chaque nation met à nu ses passions, ses vengeances, ses ambitions? Le premier souffle de la tempête emporte, légères comme le sable, toutes ces sentimentalités de la politique internationale.

II

LA POLITIQUE MILITANTE

La politique au théâtre et la censure. — *Martineau, ou la Fronde.* — *Les Orphelins du Temple.* — *Dominus Sampson.* — *Mademoiselle de la Seiglière.* — Les pièces sur la révolution. — *Paris.* — *Le Marchand de coco.* — *Les Bleus et les Blancs.* — *Le Chevalier de Maison-Rouge.* — *Raymond Lindey.* — *Le Lion amoureux.* — *La Marseillaise.* — Les spectacles-conférences. — L'assassinat politique.

La censure théâtrale était-elle hors de son mandat lorsqu'elle s'occupait de la politique militante, c'est-à-dire de cette politique active qui reflète les incidents du jour, les préoccupations des partis, le travail de l'opinion publique? C'est là un des points sur lesquels elle a été, à toutes les époques, le plus vivement critiquée, nous ne l'ignorons pas. Cependant nous persistons à penser que, si ces questions demandent une grande mesure, elles doivent néanmoins être abordées, avec à propos, mais avec fermeté. Que l'on n'emploie point la censure à servir de mesquines passions, que l'on ne fasse point la chasse, et on n'a point occasion de la faire autant que l'on se plaît à le dire, aux allusions malicieuses, que l'on ne porte point jusqu'au ridicule le respect du gouvernement et des puissants du jour! d'accord. Ce sont là de misérables petitesses. Mais ne demandons rien de plus. Laissons l'ordre de choses établi, qu'il s'appelle République, qu'il s'appelle Monarchie, lutter contre ces attaques chaque jour renouvelées, qui ne tendent pas à l'améliorer, soit par le conseil, soit par la plaisanterie, mais qui vont directement à le battre en brèche et à le renverser, afin de prendre sa place. Laissons-le se défendre et, en se défendant, défendre la société elle-même. Les pays où les citoyens, réunis dans une même pensée, se soumettent d'un commun accord à une forme gouvernementale acceptée, peuvent laisser ses franchises à l'esprit frondeur, car il est inoffensif. Mais dans un État comme le nôtre, est-ce possible? dans un État où le pouvoir qui règne a toujours derrière lui un pouvoir qui le talonne, le presse, le pousse, jusqu'au jour où celui-ci, s'asseyant sur ses ruines, se voit à son tour en butte aux mêmes attaques et aux mêmes calomnies? L'Angleterre, que les doctrinaires de la liberté absolue mettent sans cesse en avant, peut se permettre les plus grandes libertés satiriques, ces libertés n'attaquent point le principe du gouvernement. L'Angleterre a, de plus, ce que bien des personnes ignorent ou feignent d'ignorer, une censure très-sévère, qui est entre les mains du lord chambellan; si un théâtre, par hasard, tentait de saper dans leur base les institutions du pays et le pouvoir royal, il est peu probable que les agents du lord chambellan le tolérassent. Mais, l'eussent-ils toléré, il y a, en Angleterre, jusqu'à ce jour du moins, qui peut répondre de demain? un esprit national; divisé violemment sur les questions ministérielles et sur les personnalités secondaires, il se réunit en faisceau serré autour de l'organisation constitutionnelle du pays.

Le théâtre, en France, a souvent été un moyen puissant d'agitation pour les partis. Il ne crée point, à proprement parler, l'opinion ; mais, s'emparant de ses moindres fluctuations, il les exploite pour le but auquel il tend, il se fait le flatteur des idées encore latentes et timides, il leur un donne un corps, il les développe, il les dirige, et lorsqu'il saisit l'heure propice, comme en 1849, s'il ne renverse pas un gouvernement, il fortifie singulièrement ses adversaires en leur donnant la conscience de leur force.

Le rétablissement de la censure, en 1850, mit un terme à la politique irritante dont le théâtre vivait depuis deux années. La commission était à peine installée qu'on lui présenta une de ces pièces aristophanesques si fort à la mode : *les Pavés sur le pavé*. Les auteurs durent comprendre de suite que le temps des luttes politiques au théâtre était passé. Quelques mois plus tard, on interdisait *Martineau, ou la Fronde*. Cette prétendue pièce historique mettait en scène tous les incidents, tous les acteurs de la comédie contemporaine, les mouvements populaires, les émeutes et les barricades de la veille. Un autre jour, on ne laissait point représenter *les Orphelins du Temple*. Le moment paraissait mal choisi pour mettre en scène le martyre de ces pauvres enfants. Ces sujets, profondément sympathiques, veulent être traités dans une heure de calme, et il était maladroit d'en faire une machine de parti à une époque où tout tendait à l'apaisement des esprits. Cette pièce, très-royaliste d'intention, excusait cependant Simon, en en faisant un père malheureux, dont le fils avait péri lors des fêtes du mariage du dauphin. Vers la même époque, une manifestation se produisit au Vaudeville, à la première représentation de *Dominus Sampson*. *Dominus Sampson* était une comédie en deux actes de MM. Dartois et Besselièvre, tirée du *Guy Mannering* de Walter Scott. On y voyait un jeune seigneur, expulsé du domaine de ses pères, lutter contre l'homme qui, par ruse et par perfidie, s'était emparé des biens de la famille. La commission, sans méconnaître la possibilité des allusions aux familles royales exilées, avait pensé que le drame intime l'emporterait sur les rapprochements politiques. Elle s'était trompée. A certains couplets, le tumulte commença dans l'orchestre, et il continua pendant toute la représentation. Une fois lancé dans cette voie, le public ne s'arrête plus. Le lendemain, une décision ministérielle interdisait *Dominus Sampson*.

Peu de temps après cette révélation bruyante de l'esprit royaliste au théâtre, survint une pièce d'une tout autre importance : *Mademoiselle de la Seiglière*. Les événements donnaient à la première version de cette œuvre une certaine gravité politique. On traversait, ainsi que nous le disions plus haut, une époque de ménagement et de conciliation où le régime nouveau s'efforçait de pacifier les partis. Beaucoup de légitimistes d'ailleurs, sans se rallier au gouvernement, l'acceptaient néanmoins comme une nécessité des circonstances, et, loin de lui créer des embarras, semblaient plutôt disposés à le seconder dans sa campagne contre les agitateurs révolutionnaires et les sectaires socialistes. Or, la pièce paraissait de nature à blesser le parti royaliste en certains points. Le personnage du marquis n'était point alors ce qu'il devint plus tard. Des observations dans ce sens furent présentées aux auteurs, qui les acceptèrent et firent subir à leur comédie une refonte des plus heureuses. Le marquis devint ce type sympathique et charmant qui fut le grand et légitime succès de l'œuvre. Impertinences de grand seigneur, théories hasardées, naïvetés d'un autre siècle, tyrannies de vieil enfant gâté, tout passa sans encombre, et personne n'eut à se blesser de cette création de bonne humeur, physionomie vivante et vraie, qui fait revivre, avec la pointe d'exagération indispensable au théâtre, tout un coin de la vieille société française au lendemain de la rentrée des Bourbons.

Pendant de longues années, sous l'Empire, les drames reproduisant les scènes violentes de la Révolution demeurèrent interdites, ou du moins ne furent autorisés qu'avec une extrême réserve. Dans les premiers temps d'ailleurs, cette époque, si féconde en péripéties dramatiques, tenta peu le théâtre, et cela se comprend de reste. Le public, qui venait de traverser une ère si agitée, et qui se précipitait dans l'Empire pour échapper à tous les conflits des ambitions déchaînées, aurait prêté une attention peu bienveillante à des scènes de tumulte, de clubs et d'émeute qui auraient trop vivement remis sous ses yeux les craintes et les angoisses de la veille. Peu à peu le temps accomplit son œuvre accoutumée d'apaisement et de réaction. Le gouvernement impérial perdit du terrain, le souvenir de 1848 s'éloigna des esprits, et les passions politiques, naguère éteintes ou étouffées, s'appuyant sur les générations entrant dans la vie, reprirent une animation chaque jour plus ardente. Alors les mêmes données dramatiques, dont les auteurs se souciaient peu, les tentèrent de nouveau. La commission résista à cette agitation par le théâtre jusqu'au jour où le gouvernement, entraîné par le flot, lâcha la main au théâtre, ainsi qu'il l'avait fait à la presse et aux réunions publiques[1]. Si les théâtres n'abusèrent point des facilités qu'ils auraient trouvées pour se jeter plus activement dans le mouvement révolutionnaire, c'est qu'un succès productif était encore assuré à des données d'un genre moins sérieux.

Une des premières fois que l'on vit se produire cette

[1] Les rigueurs contre cette nature de pièces avaient prêté, disait-on, à des ouvrages inoffensifs une portée qu'ils n'avaient jamais eue. 93 appartenait à l'histoire : ces horreurs étaient des légendes d'un autre âge : un gouvernement montrait sa faiblesse et sa petitesse d'esprit en s'alarmant de tableaux qui présentaient au public le spectacle dramatique du passé, sans avoir la prétention de rien rappeler, de rien enseigner à l'avenir. Mais, quand les révolutions éclatent, on recueille plus d'un aveu, qui devrait être instructif. Voici ce que l'on peut lire dans le *Mot d'Ordre* du 17 mai 1871, au sujet des cartes de civisme : « La lecture trop assidue du *Chevalier de Maison-Rouge* et autres romans d'Alexandre Dumas a certainement inspiré cet arrêté aux membres de la Commune. Nous regrettons d'être obligés de leur dire qu'on ne fait pas de l'histoire avec des lectures de romans. » M. Rochefort, s'il s'est toujours montré avant tout aussi intelligent de ses intérêts que prudent pour sa personne, n'en a pas moins été un journaliste éminemment habile dans la guerre révolutionnaire. Aussi y a-t-il, dans l'inquiétude que lui fait concevoir le résultat d'une littérature trop connue, un aveu qui doit être relevé. Il constate l'influence, dont pour notre part nous n'avions jamais douté, de la littérature dramatique et romanesque sur l'éducation politique du peuple parisien. Si, en 1871, un pastiche de 93, dans lequel l'odieux le disputait à la bêtise, a trouvé, pour se produire, une terre à ce point préparée, si la crise révolutionnaire s'est dénouée par un pareil accès de folie furieuse, nous pensons avec M. Rochefort que l'une des causes de la catastrophe fut la façon dont les esprits avaient été travaillés depuis vingt-cinq ans par le théâtre et par le roman-feuilleton. A vivre en contact permanent avec toute la friperie terroriste, conspirateurs, déclassés de toute espèce, misérables, exaltés, hommes, femmes, enfants, devenaient fatalement, à une heure donnée, les parodistes obligés d'habitude, de mœurs, de langage, dont on les avait grisés, et l'on comprend trop l'enthousiasme avec lequel ils se sont précipités dans ces routes connues.

question, ce fut à la Porte-Saint-Martin, à propos du *Paris* de M. Paul Meurice. *Paris* était une spéculation dramatique à l'occasion de l'Exposition universelle de 1855. L'auteur, dans une série de tableaux sans grande cohésion, passait en revue l'histoire de Paris. Ce panorama historique fournissait un prétexte à des décors et à une grande mise en scène. Les derniers tableaux représentaient des épisodes révolutionnaires dans les rues. A la suite de la répétition générale, ils furent supprimés. Le directeur leur substitua, pour terminer la pièce, un tableau, en forme d'apothéose, de la France impériale de 1804. L'auteur subit cette transformation, non sans protester ; néanmoins il laissa le théâtre faire, et ce spectacle étrange se produisit d'un auteur républicain devenu agent impérialiste malgré lui. Jusqu'où auraient pu aller les résistances de l'auteur de *Paris*? Était-il en droit, n'écoutant que ses convictions, de renoncer aux bénéfices que promettait la pièce et de s'opposer à la représentation ? Des changements d'une importance aussi radicale autorisaient peut-être cette mesure violente. En tout cas, il y avait un point de jurisprudence curieux à établir. Le sacrifice pécuniaire était grand sans doute, mais il aurait servi à poser les limites des droits réciproques du théâtre et de l'écrivain en présence des changements demandés par l'administration, question délicate où il s'agit de ménager deux parties également respectables : le théâtre, qui veut sauver les intérêts matériels, souvent les plus considérables, en représentant la pièce, même mutilée ; l'auteur, qui défend sa personnalité et l'honore, en mettant ses opinions au-dessus d'une question d'argent.

Quelque temps après, l'Ambigu présentait une drame : *le Marchand de coco*, qui mettait en scène la Terreur, les émeutes, les victimes marchant en charrette à l'échafaud, le tumulte de la rue. La pièce ne fut point autorisée. Elle reparut plus tard complétement remaniée. Pour nous résumer sur ce point, nous ne parlerons que de quelques faits trop importants pour les passer sous silence, *les Blancs et les Bleus, le Chevalier de Maison-Rouge, Raymond Lindey* et *la Marseillaise*.

Le drame de M. Dumas, *les Blancs et les Bleus*, dont le véritable titre eût été *Saint-Just*, fournit à l'esprit révolutionnaire une des premières occasions de se manifester au théâtre. Alexandre Dumas, homme de 89, et non de 93, républicain dans la haute acception du mot, n'était révolutionnaire ni par ses instincts, ni par la nature de son esprit, ni par ses habitudes de vie, ni par ses ambitions. Quelques-unes de ses œuvres, cependant, dépassant le but qu'elles se proposaient, ont servi une cause qui n'était point la sienne. Nous parlerons tout à l'heure du *Chevalier de Maison-Rouge*. *Les Blancs et les Bleus* auraient eu un succès de même nature, si la pièce ne s'était point arrêtée en route, trahissant la fatigue et l'affaiblissement du grand dramaturge. *Les Blancs et les Bleus* montraient dans toute sa lâche cruauté un de ces tyranneaux démagogiques qui imposèrent leur despotisme à la France. Mais, à côté de ce portrait odieux du Strasbourgeois Schneider, se dressait, dominant le drame, la physionomie fière, intègre, héroïque de Saint-Just. L'honneur, la justice, le patriotisme, toutes les vertus civiques se résumaient dans la figure du conventionnel. Les femmes, les vieillards, les enfants sollicitaient sa bénédiction, les armées ne vivaient que par lui; il apparaissait à cheval, et, comme le Napoléon traditionnel du Cirque, par sa présence seule, il réparait les désastres, mettait en fuite les ennemis, et, sur le champ de bataille, proclamait la république universelle en menaçant de son épée les rives du Rhin. La commission d'examen pensa qu'au moment même où déjà une certaine presse et les réunions publiques donnaient le branle à une agitation sociale aussi accentuée, il était fâcheux de prêter à ces menées habiles le secours du théâtre, en mettant à la scène, sous des couleurs aussi partialement sympathiques, une des plus terribles personnalités de 93, le sinistre et froid acolyte de Robespierre. Elle estimait l'heure mauvaise pour poétiser ces figures sanglantes et les présenter au peuple comme les types suprêmes de la Révolution. Interdire la pièce, c'était soulever une tempête dans les journaux. L'administration n'osa l'affronter. Elle préféra louvoyer et négocier avec l'écrivain, qui consentit d'abord à retarder la représentation, puis à faire une série de sacrifices, quand le théâtre, réduit aux abois, entendit jouer *les Blancs et les Bleus*. La physionomie de Saint-Just fut diminuée; l'élément militaire prit dans l'œuvre une place plus importante, les déclamations révolutionnaires du proconsul, qui terminaient la pièce, disparurent. L'ouvrage, dans ces conditions, perdait les plus sûrs éléments de succès qu'il pût avoir auprès des esprits passionnés. L'attitude du public à la première représentation suffit pour indiquer ce qu'aurait pu devenir le drame s'il avait été représenté dans sa forme originaire, et surtout si Alexandre Dumas, plus jeune, avait pu soutenir l'ouvrage entier sur le ton des premiers actes, les seuls qui portèrent; c'étaient ceux qui cherchaient à idéaliser la figure de Saint-Just. Au commencement de l'un des tableaux militaires, le soir de la première représentation, le chef d'orchestre fit exécuter *le Chant du Départ*. Dès les premières mesures, un ébranlement se produisit dans toute la salle; quatre fois de suite, l'air dut être exécuté au milieu des cris de joie et des trépignements des galeries supérieures, qui accompagnaient l'orchestre en reprenant en chœur le refrain célèbre. Le médiocre succès de la représentation porta le gouvernement à ne pas trop se préoccuper de cette surprise et du tapage qui en était résulté. L'affaire en soi n'avait pas de gravité, il eût été maladroit de l'exagérer; c'était un indice des mouvements de l'opinion, un trait de lumière sur les tendances et les aspirations des partis. Il ne fallait y vouloir trouver rien de plus; mais il fallait voir et comprendre ce que révélait ce tumulte passager.

Le Chevalier de Maison-Rouge, dont l'immense succès a sa date dans l'histoire plus encore que dans les lettres, avait réussi jadis par le souffle révolutionnaire qui animait les tableaux épisodiques du drame; car le drame en lui-même semblait plus royaliste que républicain. Marie-Antoinette ne paraissait pas, mais elle remplissait l'ouvrage; elle en était la passion, l'intérêt, la sympathie. Néanmoins, le grand attrait de la pièce et l'entraînement du public furent les scènes populaires, le chant célèbre, le tableau du club, le mouvement de la place publique. Pendant longtemps on pensa qu'il y aurait un inconvénient grave à remettre sur la scène un drame qui, lors de son apparition, avait si violemment remué les masses. M. Walewski fut sur le point d'autoriser *les Girondins;* toutefois il s'arrêta et maintint l'interdiction. Mais les événements marchèrent; au calme succéda le mouvement, au mouvement la tempête. Les coalitions autorisées, les clubs ouverts à toutes les violences, les journaux à peu près livrés à eux-mêmes, tout enfin contribuait à jeter dans les esprits, et souvent jusque dans la rue, une fermentation telle, que les conceptions fantaisistes ou historiques du théâtre pâlissaient à côté des réalités menaçantes, et que les tableaux dramatiques n'avaient plus d'encouragements à donner aux faubourgs de Paris. L'administration crut alors que l'heure était venue de risquer impunément la reprise du *Chevalier de Maison-Rouge.* Il se trouva, en fait, que la pièce avait un peu vieilli. La mise en scène révolutionnaire et le tableau du club produisirent néanmoins un grand effet. Quant au chœur des Girondins, il n'entraîna point le public; mal exécuté, il est vrai, mal mis en scène, il resta sans écho. Le drame se traîna pendant un nombre restreint de représentations, et il disparut. Un des éléments des succès politiques, c'est quelquefois de devancer et de pressentir les idées qui courent, et de les révéler à la foule, d'autres fois de remonter le courant, de faire contraste avec le mouvement de la vie réelle. Les églogues et les bucoliques sentimentales s'épanouissaient avec succès sur quelques théâtres pendant la révolution. Les agitations révolutionnaires des *Girondins*, tout en servant les espérances secrètes d'un parti en 1847, avaient trouvé devant elles le public, au fond si pacifique et si conservateur, de la monarchie de Juillet, et elles l'avaient enthousiasmé.

L'historique du drame de M. Claretie, *Raymond Lindey*, présente un intérêt au point de vue administratif. L'auteur, tout en professant l'opinion la plus hostile à la commission d'examen, ce qui était parfaitement son droit, avait le tort de la redouter et de s'en défier pour lui-même d'une façon singulière. Deux faits vont le montrer. Il vivait assez près du monde des théâtres cependant pour savoir la censure conciliante, jusqu'à l'excès parfois, et ses confrères, qui avaient de plus fréquents rapports avec elle, auraient pu lui apprendre qu'elle n'était peut-être, ni aussi terrible, ni aussi inintelligente que les nécessités du journalisme d'opposition et le besoin d'amuser le public portent souvent les rédacteurs de chroniques et de feuilletons à le prétendre. La censure était une tête de Turc si commode ! M. Claretie, se défiant donc de la commission d'examen, avait conçu une première fois des inquiétudes au sujet d'un mélodrame, *les Gueux*, joué à l'Ambigu au moment même où le théâtre de la Porte-Saint-Martin allait donner l'œuvre remarquable de M. Sardou : *Patrie*. Mais la censure jugea le drame inoffensif. Cette pièce, autour de laquelle une partie de la presse avait fait grand bruit à l'avance, dut donc se présenter devant le public sans être entourée de la sympathie préventive qui accompagne les victimes de la censure. D'ailleurs elle réussit peu.

Quelque temps après, le directeur du théâtre des Menus-Plaisirs arrive un jour à la commission d'examen apportant un drame mystérieux, espoir du théâtre. L'auteur était un nouveau venu ; son père, riche marchand de bronze, passait les journées dans les couloirs des Menus-Plaisirs, toujours à la disposition du directeur. Ce bon père de famille attendait impatiemment les répétitions de la pièce de son fils. Le récit était présenté spirituellement, mais il parut étrange. En général, la commision n'avait pas à se préoccuper et ne se préoccupait nullement du nom de l'auteur. Dans le cas particulier, l'eût-on connu, sa personnalité n'était pas pour influencer les décisions du gouvernement. De plus, dès les premiers regards jetés sur le manuscrit, la forme littéraire de la pièce, si elle ne révélait point un auteur dramatique aux procédés connus, trahissait du moins dans plus d'un passage l'écrivain qui n'en est point à son début. Le directeur aurait pu économiser ses frais d'imagination et d'esprit. La pièce fut autorisée. Le directeur alors déclara qu'il n'était point prêt à la jouer, et il demanda l'examen d'urgence d'un autre drame. Deux mois après, une nouvelle édition de *Raymond Lindey* arrive au ministère. L'ouvrage est cette fois encore rendu autorisé au directeur ; on le prévient seulement que si les scènes révolutionnaires qui se trouvaient dans le drame devenaient pour les partis extrêmes un prétexte de trouble, les représentations seraient immédiatement suspendues. Il n'y avait pas lieu de songer à interdire *Raymond Lindey* au moment même où l'on allait autoriser les tableaux bien plus accentués du *Chevalier de Maison-Rouge*.

Mais les inquiétudes que tant d'habiles et mystérieuses préoccupations n'avaient pas fait concevoir au ministère, les anxiétés du théâtre les inspirèrent à un commissaire de police qui assistait à la répétition générale. Dans un excès de zèle malheureux, cet agent adresse au préfet, M. Piétri, un rapport où il présage, dit-on, des désordres graves dans la salle, et même du tumulte dans le quartier, si l'on joue *Raymond Lindey*. L'affaire parvient jusqu'au conseil des ministres, et la même heure voit, aux Tuileries, autoriser *le Chevalier de Maison-Rouge* et interdire *Raymond Lindey*. Le directeur général de l'administration des théâtres s'émeut vivement d'une décision prise sur le rapport vague d'un commissaire de police, à la hâte et sans renseignements ; il intervient avec l'énergie la plus digne et proteste contre une mesure qui, à tous les points de vue, ne lui paraît pas équitable. On voit alors le maréchal Vaillant, le ministre de l'intérieur et jusqu'à l'Empereur, s'occuper de ce mélodrame, qui est enfin autorisé et représenté le 1er novembre. Hélas ! beaucoup de bruit pour rien ! La police et les amis politiques de l'auteur se partagent la salle. La police ne trouve point le scandale qu'elle avait redouté ; les amis de l'auteur, après avoir espéré, pendant les deux premiers actes, les plus agressifs, un succès d'opposition, voient peu à peu le drame révolutionnaire se calmer, et la représentation ne s'achève pas précisément au milieu de l'enthousiasme général. Le théâtre ne retira aucun bénéfice du mystère dont il avait pensé faire un élément de succès. Quant au rôle joué par le commissaire de police, il montre quelques-uns des inconvénients qui auraient résulté d'une trop grande intervention de la police dans les affaires dramatiques. Sans entrer dans des considérations plus hautes, qui auraient rendu difficiles, impossibles peut-être, les rapports entre les auteurs et la police, il faut reconnaître que celle-ci, écho des mille commérages qui courent la ville, peut, et cela de bonne foi, devenir le jouet de préoccupations simulées que propagent la crainte et l'intérêt. Dans ce chaos de dénonciations, de plaintes, de propos qui l'assaillent à toute heure et parfois la dominent, elle manque de ce calme et de cette liberté d'esprit, nécessaires à une appréciation délicate et demandant des ménagements de nature si diverse.

Quelques mois plus tard, la marche de l'esprit public amena l'affaire de *la Marseillaise*. A diverses reprises, on s'était opposé à l'intercalation dans les pièces, soit du chant, soit de l'air même de Rouget de l'Isle. On ne voulait voir dans *le Chant du Départ*, dans le chœur des *Girondins*, dans *la Marseillaise*, que des chants de révolte et de guerre sociale! Le jour où les partis useront de franchise, il leur faudra bien avouer qu'ils n'y ont jamais cherché autre chose. Au mois d'avril 1870, profitant de l'effervescence qui était dans l'air, les cafés chantants de Paris crurent le moment propice pour obtenir de la tolérance du gouvernement l'autorisation d'exploiter l'hymne célèbre. On a fait grand bruit de la décision qui intervint alors. Les éditeurs des Fascicules des Tuileries se sont hâtés de publier, comme un argument accusateur irréfutable, le rapport de la commission d'examen qu'ils avaient trouvé au ministère de l'instruction publique, dans les cartons venus du ministère des beaux-arts. L'ancienne commission d'examen ne peut leur savoir mauvais gré de cette publication. Les événements ont trop justifié ses prévisions. C'était bien de la patrie, de la France, de la liberté, voire même de la République, que se souciaient les enthousiasmes factices, qui, dans une exécution simultanée de *la Marseillaise*, cherchaient uniquement un manteau pour masquer leurs projets, un prétexte habile pour agiter les esprits, ameuter, au nom d'un entraînement national sincère, le peuple des naïfs et en faire un cortége bruyant à leurs secrètes ambitions !

Il faudrait d'abord savoir ce que l'on entend par le mouvement national au théâtre. Prenons un exemple : *le Lion amoureux* de Ponsard. Cette œuvre tragique est certes animée de l'esprit de la révolution ; elle respire le souffle patriotique le plus pur ; elle met en scène des actes et des personnages républicains. Une pareille donnée devait émouvoir vivement les spectateurs. Personne ne se faisait illusion sur l'importance politique du drame. On n'y vit cependant aucun danger et, malgré les inquiétudes qui se produisirent avant la représentation et arrivèrent jusqu'au gouvernement, l'autorisation, proposée par la commission, ne fut pas mise un seul instant en question. C'est qu'en effet le drame, par sa forme même, s'adressait aux intelligences littéraires. Il restait un appel à la pensée qui réfléchit et non à l'action qui entraîne ; manifestation élevée de l'art, il ne pouvait devenir ce ferment mauvais qui jette volontairement le trouble dans les têtes faibles, afin de mettre les bras au service des conspirateurs. Voilà le vif de la question, la distance qui séparait *le Lion amoureux* de *la Marseillaise*, et voilà pourquoi les personnes, qui avaient proposé d'autoriser l'un, pouvaient n'être pas d'avis de tolérer l'autre. Dans le mouvement poli-

4.

tique qui coïncidait avec cette renaissance de *la Marseillaise*, il ne s'agissait au fond ni de république, ni de monarchie. La République sait trop aujourd'hui quelles haines sociales cachait ce patriotisme menteur ; elle a vu les mêmes hommes qui, sous l'Empire, assassinaient d'inoffensifs pompiers ou des agents de police, devenir des héros et faire succéder contre elle les attentats aux attentats. Empruntons du reste aux Fascicules quelques passages du rapport de la commission (avril 1870) : « Il y a deux choses dans *la Marseillaise* : *la Marseillaise*, telle qu'elle a existé, telle qu'elle est encore, à ne prendre que le sens exact du texte ; *la Marseillaise*, telle qu'elle est devenue par l'interprétation haineuse des partis.

« *La Marseillaise*, si on ne veut voir que le chant lui-même, si par l'esprit on se reporte dans le milieu qui l'a vue éclore, si on reste enfin dans les sphères historique et artistique, *la Marseillaise* est le chant français par excellence....... Malheureusement *la Marseillaise* patriotique n'existe plus pour les hurleurs de la rue ; les passions des partis en ont travesti le sens. *La Marseillaise* est devenue le symbole de la révolution ; ce n'est plus le refrain de l'indépendance nationale et de la liberté, c'est le chant de guerre de la démagogie, c'est l'hymne de la république la plus exaltée. Que la rue soit en mouvement, qu'une réunion publique fermente, qu'une barricade tente de se former, que l'atelier ou l'école s'agite, c'est le rugissement de *la Marseillaise* qui retentit. Les musiques militaires ne la jouent plus ; les tribunaux condamnent les perturbateurs qui dans la rue font de ce chant un cri séditieux ; le plus irréconciliable des journaux s'arme de ce titre comme d'un défi à la paix publique; à Londres, si les réfugiés du monde entier fêtent, à l'ombre du drapeau rouge, quelque éphéméride républicaine, c'est au refrain de *la Marseillaise* que se portent les toasts; tout enfin, à Paris, à l'étranger, a concouru à faire de ce chant, magnifique souvenir d'une des crises glorieuses de notre pays, le refrain le plus entraînant de la révolution européenne..., etc. » Nous ne poursuivrons pas plus loin cette citation; nous nous contentons de soumettre ces passages à la bonne foi des hommes loyaux, quel que soit le parti qu'ils servent. Après quelques hésitations, l'opinion de la commission fut approuvée et *la Marseillaise* ne se chanta point. Trois mois plus tard, la guerre éclate. *La Marseillaise* reprend soudain son sens national et remplit de ses refrains autorisés les théâtres et les cafés chantants. Puis voici venir les revers, le deuil, la ruine; les voix se taisent; la nation confuse, éperdue, ne songe plus à s'enivrer de cris patriotiques. Tâchons à l'avenir de respecter *la Marseillaise*. Espérance de jours meilleurs, qu'elle reste l'hymne de la patrie en marche. Mais si son écho devait se prolonger dans nos carrefours désolés, comme un hurlement de haine et de menace, osons la répudier. Nous avons assez secoué de jougs dans notre siècle sceptique pour ne point subir perpétuellement celui des fétiches révolutionnaires [1].

---

[1] Ceci, nous le rappelons, était écrit, quand éclata l'insurrection du 18 mars. *La Marseillaise*, dans ces jours à jamais honteux et néfastes, a repris toute sa signification démagogique. Le sang impur n'est celui ni des Prussiens, ni des Cosaques, ni des Autrichiens, c'est le vôtre, c'est le nôtre, c'est celui de toute la France honnête et libérale. Que *la Marseillaise* reste l'hymne du drapeau rouge.

Nous ne dirons que deux mots des spectacles-conférences qui se sont multipliés dans ces dernières années ; quelques-uns d'entre eux devront être comptés parmi les nombreux moyens d'action sur l'esprit public que l'ingéniosité révolutionnaire avait trouvés. C'est à ce point de vue que nous avons à les signaler. M. Ballande, en imaginant de consacrer l'après-midi du dimanche à la représentation à bon marché de chefs-d'œuvre ou de monuments curieux de l'art, que précéderait une explication historique et littéraire de l'ouvrage, avait rencontré une idée heureuse et saine. La bonne fortune lui amena un conférencier improvisé, dont le talent devint bientôt populaire. Le succès le plus complet couronna son entreprise, et c'était justice. Mais le succès appelle les imitations, et il est rare que les imitations n'exagèrent pas les côtés fâcheux des choses qu'elles copient. C'est ce qui arriva. Des représentations de jour s'organisèrent au Châtelet et à l'Ambigu. Sur ces scènes, la question artistique passa au second plan ; la politique domina ; on alla chercher *Agnès de Méranie*, on exhuma *Calas*, *Charles IX ou l'École des rois*, d'autres encore, non point pour faire de ces œuvres une exhibition intéressante, un enseignement dramatique, mais uniquement parce qu'elles permettaient de transporter le club sur le théâtre, parce qu'elles présentaient une occasion de dire impunément leur fait, devant une foule rassemblée, aux princes, aux prêtres, aux législateurs. Une fois sur cette pente, par un étrange entraînement de la folie politique, les ouvrages les plus inoffensifs fournirent matière, dans ces représentations organisées un peu à l'aventure, aux déclama-

tions les plus hétéroclites sur les choses du jour. Molière
et Louis XIV auraient été parfois singulièrement surpris
des attaques, des tirades, des allusions, auxquelles ils
servaient de prétexte. Ce genre de conférences, dites
théâtrales, échappait trop complétement à toute espèce
de contrôle.

Une autre question tient par plus d'un point aux
causes qui dictèrent l'interdiction de *la Marseillaise*,
la question de l'assassinat politique. Nous vivons dans
un siècle tourmenté, où, sous l'empire des excitations
des sociétés secrètes et des encouragements pécuniaires
de conspirateurs hardis par procuration, ces idées
de meurtre germent facilement dans les cerveaux
exaltés. Le renversement des anciennes idées morales,
la défaite du spiritualisme, resté le culte d'un cercle
philosophique qui peut se compter, la destruction chaque jour plus avancée de toute croyance à un monde
supérieur, ont éteint le vieux flambeau qui éclairait les
âmes populaires, sans lui substituer une lumière nouvelle. Le matérialisme et le scepticisme ont émancipé
les intelligences, à la façon du maître qui abandonne
son esclave nu et sans pain au milieu d'un désert. A
aucune époque, on ne vit une crédulité plus complète.
On ne croit plus à un Dieu, c'est vrai ; on ignore les
devoirs, on ne sait plus le respect, d'accord ; mais
jamais l'esprit vacillant de la foule n'a prêté une oreille
plus complaisante aux déclamations des rhéteurs et des
charlatans politiques. Le dernier et le moins convaincu
des journalistes trouve de pauvres hères qui acceptent
aveuglément ses paroles et mettent leurs bras au service
de ses intérêts ou de ses passions. Aussi, que de fois les

souverains de l'Europe ont-ils été exposés aux coups de gens que fanatisait le dogme de l'assassinat politique ouvertement prêché? Le principe républicain n'a pas préservé ceux qui occupent le pouvoir présidentiel; la mort d'Abraham Lincoln le prouve. Il y avait un inconvénient grave à laisser cette thèse du droit à l'assassinat se poser et s'agiter sur le théâtre. Toutes les fois que ces théories se présentèrent, la censure les supprima. Les auteurs trouvaient ces suppressions sévères, parce qu'elles atteignaient des vers ou des tirades qui, la plupart du temps, reposaient sur une donnée historique et découlaient alors naturellement des situations de leur pièce. La commission d'examen ne pouvait voir là une atténuation. Les crimes réels ou romanesques des souverains paraissent, aux yeux des monomanes politiques, légitimer le droit à l'assassinat; le meurtre devient une œuvre de justice, et le vulgaire assassin se transforme en un héros proposé à l'imitation des fanatiques et à l'admiration de l'histoire[1]. Sans nous arrêter à tous les drames, *la Fille du czar*, *les Grands Vassaux*, *Diane*, etc., qui agitèrent épisodiquement cette question et donnèrent lieu à des modifications de détail, mentionnons la pièce de de Musset, *Lorenzaccio*. Le jour où les héritiers du poëte crurent devoir prendre

---

[1] Depuis lors, on a pu lire dans le *Journal officiel de la République française* du 28 mars, l'article du membre de la Commune, Vaillant, exhortant les bons patriotes à assassiner le duc d'Aumale, et développant les devoirs de la société envers les princes. Déjà, sous l'Empire, n'avait-on pas vu un citoyen, tranquillement réfugié à Londres, offrir courageusement 50,000 fr. à *celui qui sauverait la France*, puis, une autre fois, adresser à la balle meurtrière, trop lente pour son impatience, une invocation célèbre? Citons encore le chapitre sur *la nécessité du régicide*, dans *Paris livré*, de G. Flourens.

sur eux de transporter au théâtre cette fantaisie dramatique, l'autorisation ne fut point accordée ; la principale raison de cette mesure (on peut voir le fragment de rapport publié dans les papiers des Tuileries) était la théorie même du meurtre politique légitimé, qui se trouvait nettement ressortir des développements historiques du drame.

III

LA POLITIQUE SOCIALE

L'antagonisme au théâtre. — *Ce qui plaît aux femmes*. — *M. Pinchard*. — *Claudie*. — *Paillasse*. — *Jenny l'Ouvrière*. — *Les Idées de madame Aubray*. — *Giboyer*. — *Le crime plaisant*. — *Robert-Macaire*. *L'Auberge des Adrets*. — *Le Courrier de Lyon*. — La peine de mort.

La politique sociale se traduit au théâtre par des œuvres de nature différente. Tantôt elles s'en prennent aux besoins matériels des classes malheureuses, et elles les poussent à la révolte par le spectacle habilement présenté de la misère ; tantôt elles se tiennent dans les hautes questions de morale sociale et s'adressent à ces intelligences d'élite auxquelles s'impose l'étude de ces grands problèmes.

Les premières de ces pièces procèdent généralement par l'antagonisme des classes. L'antagonisme est un élément dramatique dont l'effet est aussi certain qu'il est dangereux. Que de fois et de combien de façons n'a-t-on pas tourné et retourné l'antithèse du pauvre honnête et du riche scélérat, du noble couvrant de son titre les plus coupables passions, et de l'ouvrier, héroïque trésor de toutes les vertus! Il y a eu, à une certaine époque, tout un théâtre composé de ces pièces pleines de fiel et de préjugés, consacrées au triomphe de la blouse sur l'habit. Un auteur, M. E. Souvestre, affectionnait ce genre d'enseignement. Il avait commencé par le drame *Riche et Pauvre;* la veille même du jour où l'on votait la loi de censure, en 1850, il poursuivit cette éducation par une œuvre d'antagonisme violent, *un Enfant de Paris*. Parmi les auteurs dramatiques qui se sont livrés à cette nature d'exploitation, les uns agissaient innocemment; ils voyaient une situation théâtrale productive et ils faisaient leur métier avec candeur; les autres, peu nombreux d'ailleurs, savaient parfaitement ce qu'ils voulaient et quel but ils poursuivaient. Les uns comme les autres ont été coupables[1]. Était-ce donc dans un temps comme le nôtre, où tous les rangs confondus et chaque jour plus profondément imprégnés de l'esprit de 89 agitaient avec un zèle sincère les questions sociales; était-ce à une époque où tous les efforts, et de l'État et des particuliers, tendaient à relever la condition du travailleur, d'une part, en répandant libéralement l'instruction; de l'autre, en propageant le bien-être matériel par une plus large rémunération du labeur manuel, qu'il convenait de fomenter dans le peuple ces animosités irraisonnées? Et puis, quand, par ce développement de l'envie, de la cupidité, de la jalousie, enfin de toutes les passions

---

[1] L'incendie de Paris par des brutes fanatisées; voilà le dernier mot des haines sauvages et stupides allumées, nourries, attisées depuis trente ans par le théâtre, le roman et cette presse, qui profane le nom de démocratie en le mettant sur son drapeau.

hostiles, on a semé dans l'âme de celui que l'on appelle
le prolétaire des ferments de révolte ; lorsque, s'adressant à son cœur par l'émotion dramatique, on a excité
chez le pauvre un dégoût plus profond de sa vie et en
même temps la soif des jouissances, quel remède sauveur lui présenteront ces tableaux et ces déclamations
stériles ? La question du paupérisme s'envenime et n'avance point d'un pas.

Les éditeurs des papiers des Tuileries citent, avec un
malicieux plaisir, certains passages d'un rapport constatant la suppression de phrases telles que : *la société
est mal faite ; l'insolence du riche ; la protestation du
déshérité.* Ils donnent cet extrait du rapport sur *le
Vrai courage,* une comédie de M. Glais-Bizoin : « Ces
scènes où éclatent dans toute leur violence et leur brutalité les récriminations haineuses du socialisme contre
l'ordre et la loi, et qui rappellent les plus mauvais
jours des révolutions, nous paraissent inadmissibles. »
Oui, ces suppressions ont été faites ; elles résument
même tout un ordre d'idées. La commission n'a jamais
caché sa façon de penser et d'agir, sur le détail comme
sur le fond, dans les pièces qui pouvaient paraître à
une partie du public des encouragements à la lutte entreprise contre la société. Les éditeurs auraient trouvé
sans beaucoup de peine une quantité de drames qui
ont subi à ce point de vue des modifications profondes.
S'ils ne croyaient pas devoir s'arrêter aux rigueurs qui
ont atteint des scènes de second et de troisième ordre,
et c'est sur celles-là que des pièces de cette nature présentent un véritable danger et que s'exerçait plus particulièrement la sévérité de la commission, ils au-

raient pu citer l'ouvrage de M. Ponsard : *Ce qui plaît aux femmes*. Un des trois tableaux de cette pièce étrange était consacré à la peinture navrante de la misère de l'ouvrière. M. Ponsard, esprit éminemment honnête, n'avait vu dans cet épisode qu'une occasion de montrer la situation douloureuse de la jeune fille, pauvre et sage, secourue par la charité discrète. Ce tableau pénible avait subi de légères modifications. Les détails produisirent sur le public du Vaudeville un mauvais effet; le lendemain, le tableau dut être profondément remanié. L'auteur, du reste, se rendit alors parfaitement compte de la justesse des observations qui lui avaient été présentées tout d'abord, et il s'empressa de faire disparaître, au théâtre, les traits qui avaient le plus violemment froissé le public.

La censure, disons-nous, n'a cessé de lutter contre les tendances agressives de certains ouvrages. A peine entrée en fonctions, elle interdisait un drame : *M. Pinchard, ou un Honnête homme*. C'était le portrait du bourgeois de province riche, considéré, marguillier de sa paroisse, honoré de tous, mais, au fond, espèce de misérable, égoïste, impitoyable, sans scrupules, sans cœur. Si l'on veut reporter ses souvenirs aux premiers jours de 1851 et se rappeler quelle agitation socialiste travaillait le pays, de quelle façon les partis faisaient appel aux haines sociales, à l'envie, au mépris, à toutes les excitations du pauvre contre le riche, des classes misérables contre les classes aisées, on comprendra sans peine les motifs qui amenèrent l'interdiction de ce portrait agressif du bourgeois, personnifié et résumé dans l'odieux Pinchard. Quelque temps après, l'auteur enleva une partie du titre, atténua l'œuvre et la fit représenter sur le théâtre de Bruxelles.

Vers la même époque, parut *Claudie* de G. Sand. Ce drame si touchant renfermait plusieurs passages qui reflétaient les tendances du jour. Il est cependant peu d'auteurs qui apportent plus de soin que le grand écrivain à ne point substituer leur individualité à celle des personnages qu'ils mettent en scène, mérite d'autant plus grand que les opinions de G. Sand sont plus arrêtées et plus convaincues. La grande scène de la Gerbaude avait fourni un prétexte facile à des prédications auxquelles n'était peut-être pas étranger le comédien qui jouait le principal rôle. Bocage était un artiste de talent; mais divers incidents, que lui-même a racontés devant le Conseil d'État, montrent comment il savait mettre la scène au service de ses opinions politiques. Le passage fut légèrement modifié; ce qui resta ne parut pas être grandement du goût du public du moment. Quand naguère la pièce fut reprise, ce côté du drame passa complétement inaperçu.

Citons encore deux drames, qui représentent chacun une des faces sous lesquelles s'est souvent produit au théâtre un antagonisme irritant, *Paillasse* et *Jenny l'Ouvrière*. Les pièces de cette nature touchent aux fibres les plus sensibles de l'âme humaine. *Paillasse* montrait l'enfant du pauvre marchant à une mort certaine, faute d'un peu d'or qui permît d'exécuter les prescriptions du médecin, le désespoir de la mère, la famille détruite par la misère. *Jenny l'Ouvrière* mettait à vif une des plaies les plus terribles de l'organisme social, la fille du peuple, honnête de nature, mais forcée de sacrifier sa vertu à sa famille et de se vendre sans amour afin de donner du pain aux siens. La situation capitale de *Paillasse* fut quelque peu adoucie ; quant au prologue de *Jenny l'Ouvrière*, on n'admit, ni le point de départ du drame, ni les détails de misère et de faim. Que peuvent, en effet, produire de pareils spectacles, si ce n'est jeter au cœur du pauvre des germes de colère inféconde, sans espoir et sans consolation ; trop heureux encore s'ils ne vont point contre leur but en mettant sous les yeux de l'ouvrière, déjà écœurée par la lutte, les portes dorées qui conduisent aux festins, aux équipages, au luxe, enfin à tous ces rêves qui peuplent les nuits des mansardes ! Dans le même sentiment, la commission d'examen lutta jusqu'au mois de mai 1870 pour empêcher de reprendre un abominable drame : *le Facteur, ou la Justice des hommes*, qui, après les scènes les plus cruelles de misère et d'iniquité, se termine par le départ pour le bagne de l'honnête homme, tandis que le scélérat chante, rit et boit avec le magistrat qui s'est fait le complice de cette injustice.

A côté de ces drames, qui s'adressent aux passions populaires, il y a les pièces qui agitent les hautes questions de morale sociale. Celles-ci ne pouvaient exciter de bien vives préoccupations ; elles se tiennent dans une sphère élevée et ne s'adressent qu'aux esprits d'élite. N'en prenons que deux exemples : *les Idées de madame Aubray*, la partie théorique de *Giboyer*. Il était difficile de mettre à la scène une donnée plus neuve et plus osée que la thèse évangélique du pardon complet prêchée par madame Aubray. Mais la leçon, qui ressortait de l'ouvrage, parut invraisemblable, tant, pour le public, la vérité, dégagée des conventions acceptées, la vérité absolue, touche de près au paradoxe. Quand Giboyer expose au marquis et développe ses idées sur l'organisation sociale, dans cette scène des *Effrontés* que résume ce mot si comique : « Au reste, monsieur le marquis, vous savez, tout ça m'est bien égal ; » lorsque, dans *le Fils de Giboyer*, il revient sur toutes ces réformes, ce qui domine, ce sont moins les idées réformatrices de la société, que le trait de caractère qui résulte de l'exposé de ces théories et qui complète cette physionomie si curieuse et si vraie du déclassé moderne. Jadis le déclassé venait d'en haut ; aujourd'hui il part le plus souvent d'en bas. L'éducation l'élève et le laisse en chemin, livré à tous les besoins, à toutes les rêveries. Les idées les meilleures luttent dans ce cerveau en ébullition avec les utopies, et finalement les nécessités de la vie l'énervent, si elles ne le broient. Ce type moderne, merveilleusement saisi, avait été autorisé une première fois dans *les Effrontés*. Lorsqu'il reparut dans *le Fils de Giboyer*, la comédie, à côté des théories générales personnelles à Giboyer sur l'avenir de la société, entrait dans le vif des fermentations politiques du moment ; elle retraçait les luttes des partis, les efforts des cléricaux, les aspirations de la démocratie. La décision ne pouvait appartenir qu'à ceux qui connaissaient la pensée intime du gouvernement sur les choses et sur les hommes du jour. La commission se contenta de mettre sous les yeux de l'autorité supérieure les questions que soulevait *le Fils de Giboyer*. Mais déjà bien des gens, instruits de la donnée et des détails de l'ouvrage, s'agitaient pour le faire interdire, et l'autorisation paraissait douteuse. L'écrivain alors, du moins ce fut le bruit du temps, eut avec l'Empereur, aux Tuileries, une entrevue qui décida du sort de la pièce. *Le Fils de Giboyer* à peine représenté, le tumulte éclate dans la presse ; certains journaux exhalent de telles plaintes, que le conseil des ministres s'en émeut et juge nécessaire de dégager la responsabilité de l'Empereur de l'autorisation. On envoie au *Moniteur* la note suivante : « 8 décembre 1862. Un journal du soir prétend que la pièce de M. Augier aurait été défendue par la commission d'examen, et que l'Empereur serait intervenu personnellement pour faire lever l'interdit. Cette double accusation est dénuée de fondement. La pièce de M. Augier n'a jamais été défendue, et la haute intervention de Sa Majesté ne s'est exercée en aucune façon au sujet de cet ouvrage. »

Nous venons de passer en revue plusieurs des questions sociales qui se présentent au théâtre ; il en est une autre, moins grave sans doute, mais qui a son importance par l'action démoralisatrice qu'elle exerce sur certain public, c'est la mise à la scène du scélérat gouailleur, aimable et bel esprit. Le cynisme amusant du meurtrier et le badinage des héros de cour d'assises ont toujours paru à la commission d'examen un spectacle d'un danger immédiat. Mettre le crime sur un piédestal en relevant le vol et l'assassinat par d'aimables facéties qui amusent et intéressent, c'est faire du théâtre populaire le pire enseignement pour toute cette race maladive de désœuvrés du ruisseau, qui ne vivent, ne s'instruisent, ne pensent que par le drame du jour.

Les Scapins et les Frontins de l'ancienne comédie étaient certes des coquins ; leurs actes étaient souvent blâmables ; parfois même ils touchaient au crime. Mais ces types se mouvaient dans un milieu tout de fantaisie ; ils appartenaient si peu au monde vrai et pratique, ils restaient tellement des conceptions comiques, des personnes de théâtre, c'est-à-dire de convention, que leurs plus joyeux écarts, leurs actes les plus dénués de moralité ne portaient jamais en eux-mêmes ce caractère de réalisme qui fait la force et le danger des scélérats que l'on prodigue aujourd'hui.

Toutes les pièces, qui reposent sur la jovialité dans le crime, procèdent de *Robert-Macaire* et plus encore de *l'Auberge des Adrets*. Robert-Macaire et son complice Bertrand ont laissé une trace profonde dans le théâtre moderne. Ces deux associés du crime avaient profité de la révolution de Février pour reparaître sur la scène. En 1850, ils durent rentrer dans l'ombre, emportant avec eux leurs lazzi sanglants et leurs hardes ignobles. En 1870, on était dans une ère de tolérance complète, *Robert-Macaire* et *l'Auberge des Adrets* furent autorisés de nouveau. Par le fait, la mesure n'avait plus la même portée que jadis. *Robert-Macaire* a beaucoup vieilli. La comédie est longue et démodée. Aussi l'artiste qui demandait à la reprendre hésita devant la lourdeur de la tâche et finit par y renoncer.

Quant à *l'Auberge des Adrets*, cette longue plaisanterie sur l'assassinat fut souvent présentée par des directeurs aux abois, comme la dernière planche de salut qui s'offrît à leur entreprise chancelante. La commission d'examen s'opposait à une autorisation qui rouvrait le théâtre à toutes les forfanteries du crime. Cependant les années s'écoulèrent. *L'Auberge des Adrets* reparut, mais modifiée. Une farce, substituée à un crime sérieux, diminuait singulièrement la gravité des plaisanteries des sinistres badins. De plus, les pièces de théâtre subissent, comme toutes les choses de ce monde, les lois du temps. Les révolutions de l'esprit suivent une marche invariable. Toute œuvre, qui n'est point marquée du sceau indélébile du génie, prend vite, quel qu'ait été son succès, si grande qu'ait pu être sa popularité, des allures vieillotes ; ce n'est plus la langue du jour, l'esprit à la mode, le ton de plaisanterie en vogue. Le succès passé est à peine compris et le public, ne se rendant point compte que c'est lui qui est changé, et non pas l'œuvre qui se joue, s'étonne des engouements de la génération que l'a précédé et ne voit point que la génération suivante pensera de lui-même ce qu'il pense de ses aînés. C'est ce qui arriva pour *l'Auberge des Adrets*. Joué sous sa forme nouvelle, il est vrai, et sans le secours du grand artiste qui s'est incarné dans Robert-Macaire, le drame parut vieux ; les plaisanteries de Bertrand, les impudences de Macaire firent long feu. Leur costume, leur langue, leur esprit étaient d'une autre époque. Il en avait été de même pour le *Vautrin* de Balzac peu de temps auparavant.

Nous n'entrerons point dans le détail des pièces nombreuses qui, inspirées par le même esprit, ne furent autorisées qu'après de graves modifications. Les principales sont : *Pied de fer, le Courrier de Lyon, la Route de Brest, le Mangeur de fer, Léonard...* Disons quelques mots du *Courrier de Lyon*. Lorsque le théâtre de la

Gaîté voulut reprendre ce drame, qui avait été joué en 1849, deux objections se produisirent. La première était relative à la réhabilitation de Lesurques. Cette façon de trancher au théâtre une question d'erreur judiciaire, controversée en somme, préoccupa l'administration, qui en référa au ministère de la justice. Celui-ci se montra assez ému des conclusions formelles du drame pour qu'une première fois la décision ait été défavorable au *Courrier de Lyon*. La seconde objection reposait sur l'effroyable cynisme de Schoppard, dit l'Aimable, et de son compère Fouinard. Ces rôles dominent à ce point l'œuvre, que les côtés pathétiques du drame, si intéressants qu'ils soient, s'effacent presque complétement devant l'épisode comique. Sous le ministère de M. Fould, des protections puissantes firent autoriser la reprise du drame. Néanmoins, par égard pour les scrupules de la justice, les auteurs avaient changé le nom de Lesurques en celui de Lechêne, changement assez illusoire, et ils avaient supprimé un certain nombre de passages qui mettaient trop vivement en relief l'erreur judiciaire. Les rôles de Schoppard et de Fouinard, la joie du populaire et le succès de la pièce, avaient été maintenus dans leur intégrité. Jusqu'au dernier jour, la commission d'examen persista dans son opinion sur les inconvénients sérieux de ce genre de personnages et s'efforça, autant qu'il fut en elle, de fermer la scène à ce comique qui, à certaines heures, fait du théâtre l'école primaire du crime. Lorsque l'on voit combien de scélérats, à peine sortis de l'adolescence, sont venus, depuis quinze ans, poser en héros sur la sellette de la cour d'assises, ce spectacle inspire de tristes réflexions sur la part de responsabilité qui revient au théâtre et au roman dans ce développement précoce des instincts criminels.

Une question des plus graves, la question de la peine de mort, se présenta à plusieurs reprises. Elle se trouvait implicitement dans *le Courrier de Lyon*. Mais les auteurs n'avaient point visé à tirer de leur sujet les déductions philosophiques qu'il comporte. Deux poëtes égarés dans les sentiers du mélodrame, MM. Barbier et Plouvier, l'un dans *Maxwell*, l'autre dans *le Ménétrier de Saint-Waast*, posèrent plus franchement la thèse, prenant naturellement pour base l'exécution d'un innocent, suivie des remords et des angoisses du juge qui, son erreur découverte, se trouve en présence de l'irréparable. L'une et l'autre de ces pièces méritaient une attention particulière. La question de la peine de mort est un de ces sujets de controverse qui veulent être traités de sang-froid, en dehors de toute sentimentalité dramatique ; il divise les meilleurs esprits : que les uns s'appuient sur les nécessités sociales, que les autres, au nom de la philosophie la plus élevée, plaident le respect absolu de la vie humaine, ce sont de part et d'autre les plus respectables et les plus sincères convictions qui sont en présence.

Devait-on admettre que les émotions du drame vinssent préjuger la question et attaquer par l'attendrissement et la pitié un principe que la loi n'a pas cru devoir répudier? en un mot, la censure avait-elle à intervenir? Après sérieuse réflexion, on pensa qu'il ne serait pas sans inconvénient de laisser le théâtre entreprendre sur la peine de mort une campagne bien autrement énergique que celle entreprise par les publicistes ; l'émotion, répétée et propagée par le drame, n'en arriverait-elle pas à entraver la justice dans son œuvre, d'une part, en développant contre la loi l'esprit de suspicion et de défiance ; d'autre part, en jetant le trouble dans la conscience déjà si inquiète des jurés? Des atténuations importantes furent demandées dans ces deux pièces. L'erreur capitale de la justice fut restreinte à l'erreur particulière d'un juge. Tout en admettant ce drame terrible qui met le magistrat face à face avec la responsabilité qui pèse sur lui, on ne voulut point que, par des généralités juxtaposées, l'incident tragique, combiné par le poëte, pût conclure à une thèse sociale. Les auteurs, de plus, mirent en relief, plus nettement qu'ils ne l'avaient fait d'abord, les progrès de la législation moderne et les garanties nombreuses dont le code, de nos jours, entoure les prévenus. Maintenant, qu'à travers les péripéties du drame, malgré l'époque reculée et le lieu de la scène, malgré de nombreux changements, la peine de mort ne soit restée le fond même de ces œuvres, la censure n'en a jamais douté. Seulement, par ses efforts, elle a pensé ramener, sans les énerver d'une façon mortelle, les deux drames dont il s'agit aux proportions que comportent les droits du théâtre et les ménagements nécessaires pour les lois établies.

IV

LES PERSONNALITÉS AU THÉATRE

Le Théâtre aristophanesque. — Ses inconvénients. — Autorisations accordées. — Les Pupazzi. — L'Armée. — La Magistrature. — *L'Assassin*. — *La Niaise*. — *Villefort*. — Le Gendarme grotesque. — Les Élèves de Saint-Denis.

Le théâtre, après 1848, n'avait reculé devant aucune personnalité. Les attaques les plus directes se trouvaient aggravées par la reproduction des traits et de la physionomie. Ce procédé aristophanesque fut un des caractères particuliers du théâtre de cette époque. La veille du rétablissement de la censure, Proudhon, déjà caricaturé dans *la Propriété, c'est le vol*, reparaissait dans *le Dieu du jour*. Quelque temps auparavant, une pièce d'E. Guinot, *la Restauration des Stuarts*, servait de prétexte pour mettre en scène G. Sand, Marrast, Crémieux et autres personnalités. Ce genre d'exhibitions dramatiques fut immédiatement supprimé. N'en déplaise aux partisans de la liberté absolue, ce droit qu'ils revendiquent de jeter un homme en pâture aux rires, à la critique, à l'indignation de la foule ameutée, de s'emparer d'une physionomie et de la traîner sur la scène au milieu des huées du parterre, est le plus tyrannique abus de la force brutale. On livre l'honneur, la réputation, le talent à toutes les partialités d'un jugement sans appel ; on met l'homme d'État comme le poëte, le financier comme le philosophe, le pauvre et le riche, l'artiste et le travailleur, tout homme enfin ayant conquis une notoriété, à la merci du premier vaudevilliste. On fait le caprice d'un comédien maître suprême des plus honorables figures de l'époque. Et que pourra l'homme insulté contre des injures qui, du haut des tréteaux comiques, prennent à l'instant même pour complices les faciles et passives approbations du public ? Faire un procès ! le procès grandira l'attaque de toute l'importance et de tout le retentissement que l'insulteur lui donnera par les débats judiciaires ; et pour aboutir à quoi ? A une justice tardive et boiteuse. Comment combattre les railleries, les lâches et perfides malices à réticence, pires que les injures franches, car elles frappent par l'arme la plus implacable, l'insinuation calomnieuse, sourde et discrète ? Faire un éclat ! Mais si l'éclat n'est terrible et sanglant, de quel côté seront les rieurs ? Tels sont les motifs qui ont toujours rendu la censure opposée à toutes les personnalités.

Des théâtres ont été surpris de se voir refuser l'introduction sur la scène de certains individus, alors qu'ils se présentaient armés de l'autorisation des intéressés. Voici ce qui s'était passé. Forts de l'acquiescement d'hommes connus, des auteurs de revues leur avaient donné un rôle dans leurs pièces. La censure s'était prêtée à ces personnalités consenties. Au lendemain de la représentation, ces individus, peu satisfaits de s'être vus sur la scène, exprimaient le regret que l'on eût autorisé cette exhibition. Ils reconnaissaient avoir cédé à des pressions contre lesquelles des relations d'amitié, de camaraderie ou d'intérêt les laissaient sans défense, et pour l'avenir ils faisaient appel à la protection de l'autorité. Depuis lors la censure rentra dans sa première ligne de conduite. Vers les derniers jours de l'Empire, une question toute spéciale se présenta, celle des Pupazzi. On voulait faire représenter par ces marionnettes, sur le théâtre des Variétés, *le Roi Prudhomme*. Cette saynète mettait en scène l'Empereur, Émile Olivier (Tourne-Tourne), V. Hugo (le Grand-Exilé), Gambetta (le Grand-Irréconciliable), Rochefort (le Grand-Inattendu). La pièce avait été jouée dans les salons et même aux Tuileries. Mais ces représentations intimes ne préjugent en rien l'effet de la représentation publique, et on se refusa à laisser, sous prétexte de marionnettes, le théâtre rentrer dans cette voie des personnalités et des luttes de parti.

Cette défense s'étendit des individus à certains corps qu'il a toujours paru d'ordre public de ne point laisser battre en brèche par les incessantes attaques du théâtre, l'armée et la magistrature notamment. Le théâtre a sur l'opinion publique la même action que le filet d'eau qui, tombant sur le rocher, y creuse son trou. C'est un travail lent, mais infaillible. Un jour, le ridicule dans une comédie, le lendemain, l'odieux dans un drame, jettent le trouble dans les esprits, et, à une heure donnée, on se montre surpris de voir détruit le prestige moral, plus puissant et plus nécessaire dans certaines positions que la force matérielle. Nous ne parlerons point des personnalités souveraines, dont le théâtre a fait abus depuis quelques années. Autant que possible, la commission a circonscrit et atténué les attaques méprisantes dont elles étaient l'objet. Les républicains pouvaient être charmés de ce ridicule versé à pleines mains sur le pouvoir royal; ils faisaient un faux calcul et ne voyaient que le résultat immédiat. Si l'on envisage la question à un point de vue moins étroit, le trait, qui paraît ne toucher que le roi, ne porte-t-il pas plus loin? Il frappe, et c'est là le but de ceux qui veulent un bouleversement social, il frappe le principe d'autorité, il le sape, le rend grotesque, le fait odieux. Or la république, si elle ne veut pas être l'anarchie perpétuelle, devra constituer une puissance, une autorité, de quelque nom qu'on la décore, qui, groupant autour d'elle toutes les forces constitutionnelles du pays, soit le nœud de la gerbe nationale. Ce n'est pas par l'irrévérence et *la blague*, élevées à l'état de dogmes, que la république fera pénétrer dans l'esprit du peuple le respect d'une autorité quelconque, qui puisse servir de frein à ses appétits et à ses passions.

Mais revenons à l'armée; en maintes occasions, on dut faire modifier des rôles d'officiers dans des conditions fâcheuses. Quant aux pièces qui reposaient sur des magistrats criminels ou ridicules, nous en citerons trois. L'une, *l'Assassin*, fut interdite; les autres, *la Niaise* et *Villefort*, ne passèrent qu'après des modifications radicales. *L'Assassin* était la satire spirituelle et mordante des ardeurs parfois exagérées du ministère public. On y voyait un procureur du roi apporter dans la recherche du criminel, moins la conscience d'un magistrat désintéressé que la passion d'un ambitieux pour qui une tête livrée au bourreau représente l'espoir d'un avancement prochain. La donnée était-elle vraie? a-t-on entendu des membres du parquet se féliciter à un point de vue trop vaniteux ou trop personnel des condamnations que le jury avait bien voulu accorder à leur éloquence? C'est possible. Mais, pour railler le travers de quelques individus, fallait-il livrer, par l'infaillible généralisation du théâtre, toute la magistrature à la risée du public? L'auteur l'avait senti; car, pour détourner de légitimes susceptibilités, il avait placé l'action de sa pièce en Belgique. Depuis lors, une nouvelle version de cette comédie a été publiée dans le recueil intitulé : *le Théâtre impossible*. Dans *la Niaise* de Mazères, comédie en cinq actes, jouée au Théâtre-Français, les modifications portèrent sur le procureur général de Salbris, qui, après avoir soumis la loi à tous ses caprices pendant le cours de la pièce, se trouvait, au dénoûment, nommé conseiller à la Cour de cassation. *Villefort*, drame tiré de *Monte-Cristo*, renfermait un tableau de cour d'assises où l'on voyait le procureur général se trouver face à face avec un criminel, son propre fils, qu'il croyait avoir assassiné enfant.

Disons quelques mots d'un scrupule de la commission d'examen, à propos duquel on s'est beaucoup égayé, mais qu'elle avoue et dont elle ne se repent en rien. Elle ne cessait de s'opposer à la mise en scène du gendarme grotesque. C'est un genre de comique facile qu'affectionnaient certains auteurs, et dont l'effet était assuré auprès du public. On a trouvé cette sévérité puérile et ridicule. Les petits journaux en faisaient des gorges chaudes ; des esprits plus sérieux trouvaient inutile une censure qui s'arrêtait à de pareilles futilités. La commission d'examen, malgré les railleries des uns, les critiques des autres, a continué de penser qu'il y avait un inconvénient grave à permettre qu'une caricature chaque soir renouvelée transformât en plastrons des auteurs et du public les gendarmes, ces braves gens, honnêtes et modestes serviteurs de la loi, intrépides dans le devoir et toujours prêts à lui sacrifier leur vie. Et cela, pourquoi? Parce qu'en France, autant nous sommes prompts à nous retrancher derrière l'autorité pour exiger qu'elle nous protége, autant nous nous croyons spirituels en bafouant les agents qui représentent cette protection.

Quant aux professions indépendantes qui se plaignent parfois des libertés du théâtre à leur endroit, il n'y a aucun intérêt public qui empêche de mettre sur la scène leurs travers, leurs ridicules, leurs vices. La seule limite que la censure ait reconnue, c'est lorsque la pièce, au lieu du portrait satirique d'une individualité, s'attaque à la probité de certaines professions qui sont, comme les offices ministériels par exemple, sous la surveillance de la loi, et fait planer sur elles des soupçons infamants.

Pour en terminer avec cette question des personnalités, arrivons à une exclusion toute spéciale, celle des élèves de Saint-Denis. Dans une pièce de L. Gozlan : *Louise de Nanteuil*, l'héroïne, une femme galante, était une ancienne élève de Saint-Denis. Peu de jours après la première représentation, le grand chancelier de la Légion d'honneur adressa à ce sujet des observations au ministre. Il fit remarquer, et non sans raison, que si le malheur avait pu pousser dans une vie facile et légère quelques pensionnaires de Saint-Denis, ce n'était pas un motif pour propager par le théâtre un préjugé et une calomnie qui déshonorent ces pauvres filles de légionnaires, auxquelles l'État donne une éducation tout à la fois ménagère et libérale. La réclamation du grand chancelier parut fondée au ministre. Ce sont là, en effet, de ces cruautés sans excuse que la littérature commet. On englobe toutes les honnêtetés, qui luttent et le plus souvent triomphent, dans certaines chutes qui ne sont point particulières à ces enfants aux prises avec toutes les difficultés de la vie. Une mesure radicale fut prescrite; depuis lors il ne parut plus nécessaire qu'une femme entretenue fût presque forcément une ancienne élève de Saint-Denis.

V

LES QUESTIONS RELIGIEUSES

Don Pèdre. — Les instructions de M. Fould sur les juifs au théâtre. — *Le Marchand de Venise.* — *Notre-Dame de Paris.* — *La Dévote.* — *Les Deux Reines.*

L'interdiction de toute individualité religieuse au théâtre sous le ministère de M. Fould, le drame de *Notre-Dame de Paris* de M. Paul Foucher; la comédie de M. Sardou : *Séraphine*, tels sont les principaux incidents qui se soient produits au point de vue religieux. Nous ne parlerons ni du *Juif-Errant* d'E. Sue, qui ne put être rejoué que réduit considérablement dans toute la partie où s'engageait la question des jésuites et de la religion; ni d'un autre *Juif-Errant,* vieux mélodrame, qui demeura interdit; ni des diverses pièces où les rites et les costumes du culte catholique furent supprimés, ou tout au moins ne durent être employés qu'avec un extrême ménagement, à l'Opéra excepté. A l'Opéra, la pompe du spectacle et le côté artistique ont toujours paru pouvoir permettre des franchises plus grandes. Sur des scènes moins vastes, ces exhibitions religieuses, dépouillées du prestige de la musique, ces transpositions des choses de l'Église au théâtre, s'adressant à un public plus accessible aux impressions, produisaient des effets trop fâcheux ou blessaient des susceptibilités trop respectables pour qu'on n'apportât point une grande réserve dans leur autorisation.

Sous M. Fould, il fut pris une mesure, bonne en principe, mais qui dans l'application devait se restreindre à une question spéciale. On venait de jouer à la salle Favart un opéra-comique en deux actes : *Don Pèdre*. Dans cet opéra se trouvait un juif, le juif banal du théâtre, comme le brocanteur de *la Pie voleuse* et de vingt autres pièces. Peu de jours après la représentation, une revue : *les Archives israélites*, public une lettre de récriminations adressée au ministre d'État. Le rédacteur se plaint du rôle que les écrivains dramatiques ne cessent de donner aux juifs. M. Fould envoie à la commission d'examen le numéro des *Archives israélites*, en lui faisant reprocher l'autorisation, qui a été accordée sans observations, et en même temps il donne des instructions écrites qui enjoignent à la commission de veiller à ce que désormais toutes les individualités religieuses soient écartées de la scène. Cette décision, à la prendre dans son sens général, ne modifiait en rien les procédés de la censure. Celle-ci avait toujours eu pour doctrine que le théâtre doit ménager toutes les convictions, toutes les croyances, toutes les religions, et que si des théories diverses, présentées sous une forme élevée et littéraire, se produisent sans inconvénient sérieux, il ne saurait en être ainsi des attaques contre la foi elle-même ou contre les hommes d'Église. Ces agressions directes froissent dans leurs plus intimes pensées les personnes pieuses, invitent les tièdes à l'irréligion, poussent le populaire mal éclairé à une haine aveugle et sauvage contre le clergé[1]. Ce n'était point de ceci qu'il s'agissait pour le moment. La mesure nouvelle tendait à des fins plus directes : c'était l'interdiction absolue du juif. Or, le théâtre a ses habitudes, ses mœurs, ses conventions, dont il est difficile de ne point tenir compte; l'histoire a ses types, que l'on ne peut supprimer d'un trait de plume. Certes, de nos jours, sous l'empire du grand courant philosophique qui entraîne le monde, par ce temps de lumières chaque jour plus répandues, qui combattent les préjugés, attaquer une personne parce qu'elle professe la religion juive, serait la plus injuste sottise qui se pût imaginer. Mais si la personnalité religieuse a droit au respect, condition fondamentale de la liberté de conscience, la première de toutes les libertés, il n'en saurait être de même du type essentiellement humain d'une race qui, en tant que race, appartient à la critique, au roman, au drame, par ses éminentes qualités comme par ses défauts naturels. Les instructions ministérielles reçurent leur exécution, les juifs disparurent de toutes les pièces. Un exemple montre à quelles conséquences extrêmes on allait en arriver.

Le théâtre de l'Ambigu-Comique voulut reprendre un drame, *le Juif de Venise*, joué en 1854. Ce drame était un arrangement de l'œuvre de Shakespeare. Qu'allait de-

[1] On sait trop aujourd'hui où mènent ces excitations. L'archevêque et les prêtres les plus incontestablement vénérés de Paris assassinés, le clergé ramené subitement aux persécutions de la Terreur, les églises pillées, saccagées, tranformées en clubs immondes ! voici les résultats !

venir le vieux Shylock, l'immortelle création qui fait revivre les siècles d'oppression que la race juive eut à traverser, ses luttes sourdes contre le chrétien, ses joies, ses triomphes, ses humiliations, Shylock, la figure saisissante, dont le rire sarcastique et les cris de désespoir éclairent tout un des côtés sombres de la vie du moyen âge? Le vieux juif dut subir la loi commune. Le souvenir de Shakespeare, le côté légendaire du personnage, l'époque et le lieu de l'action, rien ne sauva Shylock. Le farouche circoncis dut dépouiller sa physionomie caractéristique pour devenir un banal usurier vénitien. La pièce fut reprise sous le titre : *Shylock, ou le Marchand de Venise*.

Le drame de *Notre-Dame de Paris* avait été joué en 1850. Interdit lors du rétablissement de la censure, il n'a pu être repris plus tard. Cette mesure ne tenait nullement, ainsi que l'on s'est plu à le dire, au nom et à la personne de l'auteur du roman. C'est une allégation inexacte. Le vrai motif de l'interdiction fut le rôle de l'archidiacre de Notre-Dame, Claude Frollo. Le drame reproduit les principales scènes du roman. On voit sur le théâtre ce prêtre assassiner Phœbus pour s'emparer de sa maîtresse; on assiste au cortége religieux qui vient faire faire amende honorable à la Esméralda, au marché honteux que le prêtre, en costume sacerdotal, propose à la pénitente sur le seuil même de la cathédrale, alors qu'il est supposé recevoir sa confession. La tentative de viol dans Notre-Dame est mise en scène. Ce prêtre assassin, ce prêtre débauché, ce prêtre livré à toutes les ardeurs de la luxure, ne reculant devant aucun crime pour obéir à ses sens, parut le plus mauvais spectacle qu'il fût donné de mettre sous les yeux du peuple des théâtres, qui, se souciant peu de l'époque où l'action se passe et du côté romanesque de l'œuvre, ne peut voir que ce qu'on lui montre, ce qu'il a l'habitude de trouver dans cette presse et dans cette littérature dont une spéculation habile nourrit son esprit, le prêtre, l'homme de soutane, le calotin, comme on dit dans l'argot démagogique, qui ment, qui tue, qui viole. L'auteur du drame, désireux de sauver sa pièce, en vint à proposer de transformer le prêtre en un imagier. Ce changement eût été ridicule, et pour la censure, et pour le drame. On ne l'accepta pas. Quand un personnage tel que Claude Frollo est connu, ce n'est point un mot jeté de ci, de là, qui modifie une physionomie. Claude Frollo serait resté pour le public le prêtre scélérat du roman ; seulement, le roman se lit, le drame se sent et se vit, avec toutes les impressions ardentes, communicatives, que subit une foule pressée dans une enceinte théâtrale. A diverses reprises, on revint à la charge pour l'autorisation de *Notre-Dame de Paris* ; la commission d'examen ne put que répéter les motifs précédents sur lesquels s'appuyait son opinion. Elle pensait qu'il fallait franchement autoriser le drame tel qu'il était, si le gouvernement se sentait la force d'assumer la responsabilité d'un pareil spectacle, ou le supprimer d'une façon absolue.

La pièce de M. Sardou, *Séraphine*, s'appelait d'abord *la Dévote*. A peine annoncée, elle mit l'agitation dans un certain monde. On se demandait jusqu'où l'écrivain pousserait la satire du caractère qu'il entreprenait de peindre. Il y avait, en effet, dans cette donnée, ainsi que dans celle de *Tartufe,* deux sujets se côtoyant et que tout l'art le plus fin arrive avec peine à ne pas engager l'un dans l'autre par une confusion facile, la religion et la religiosité, la sincérité et le mensonge, la foi et l'hypocrisie, le culte et le commerce du culte. Des gens d'une piété vraie, éclairée et réfléchie, ont à côté d'eux les simples d'esprit, qui ne voient la religion qu'à travers des pratiques passées en habitudes machinales, et les intrigants habiles, pour lesquels les affectations de dévotion et la recherche des affiliations pieuses sont des voies détournées à l'avancement ou à la fortune. Cette dernière classe, plus remuante que les deux autres, se montre la plus passionnée dès que les questions religieuses sont en jeu. Sachant la valeur du masque qu'elle revêt, il ne lui plaît point de voir ce masque soulevé. Si la pièce de M. Sardou n'avait frappé que ces comédiens, les attaques préventives dont elle fut l'objet auraient été si complétement injustes, que la commission, en s'en montrant touchée, aurait commis une erreur grave.

Mais la pièce dépassait le but. Le titre : *la Dévote,* impliquait une peinture générale. Ce n'était plus un type exceptionnel, une physionomie caractéristique de la tartuferie contemporaine, mais le type universel, la physionomie commune de la femme dévote. Or était-il femme plus odieuse, plus coupable, plus hypocrite? Cette peinture absolue de la dévote avait-elle été le vrai but de l'auteur? Il est difficile de le penser. Ce qu'il avait merveilleusement photographié, c'était un tableau plus restreint, le tableau d'un coin de Paris, de sa population, de ses habitudes; de l'ancienne rue Cassette avec ses vieilles demeures monacales, son personnel aux allures discrètes, trottinant menu à travers la piété et en faisant toute sa vie ; du quartier Saint-Sulpice, ce vaste bazar de statuettes, d'images, d'orfévrerie et de costumes ; c'était ce monde de la dévotion extérieure, ce centre du catholicisme parisien, cette petite ville cléricale au milieu de la grande cité, que l'auteur nous avait paru vouloir peindre. Mais la verve comique, l'entrain de l'œuvre, la nature même du sujet, avaient dominé son esprit. Les coups, qui ne semblaient viser que les coteries, le ridicule et le vice, portaient souvent plus loin ; les attaques contre les momeries, les hypocrisies intéressées et la casuistique jésuitique frappaient parfois plus haut et allaient jusqu'à la religion elle-même. Les scrupules les plus honorables des consciences catholiques, sincères dans leur foi, auraient eu droit de se blesser, non point que ces railleries les atteignissent, mais parce qu'elles savent très-bien leur portée et leur action sur l'esprit si malléable d'un certain public.

L'examen de la pièce passa par des phases nombreuses. Autorisée, suspendue ensuite, rendue enfin, *la Dévote* dut subir d'assez graves modifications. On demanda à l'auteur de vouloir bien supprimer ou atténuer ce qui touchait directement à la religion elle-même ou à la vraie dévotion. Le titre généralisateur disparut ; le drame s'appela *Séraphine*. L'auteur accomplit cette série de sacrifices pénibles ; il obtint néanmoins de les restreindre aux proportions qui lui parurent compatibles avec l'intérêt de son drame. Il aurait pu aller plus loin dans cette voie. Le lendemain de la première représentation, il dut, sous la pression d'une partie du public, faire de nouvelles et plus larges coupures. Elles ne suffirent point encore à calmer toutes les susceptibilités, sincères ou fausses. Les protestations, si diverses qu'en fussent les causes, se renouvelèrent souvent pendant le cours des représentations.

Avant de quitter ce sujet, disons quelques mots d'un ouvrage qui y tient par plus d'un lien et qui fit grand bruit : *les Deux Reines* de M. Legouvé. Cette œuvre remarquable fut jugée inopportune, parce qu'elle touchait à la papauté et transportait sur le théâtre cette question ardente de Rome au moment où, à Rome même, les troupes de France protégeaient le pouvoir pontifical contre ce que, selon leurs opinions, les uns appelaient les légitimes aspirations, les autres les ambitions iniques du gouvernement italien. En d'autres temps, cette tragédie n'eût pas soulevé plus d'objections qu'en 1846 n'en avait fait naître *Agnès de Méranie*, et, pas plus que le drame de M. Ponsard ne le fut à cette époque, la pièce de M. Legouvé n'aurait été un appel aux passions des partis. La politique sert mal les lettres. Elle les sert à la façon de ces condiments qui relèvent les mets insipides, mais nuisent aux chairs savoureuses par elles-mêmes. M. Legouvé avait longuement mûri son travail. Il n'avait livré carrière à sa verve dramatique qu'après s'être, pour ainsi dire, imprégné par une étude consciencieuse de l'esprit du temps et des personnages. Aussi montra-t-il un étonnement aussi profond que sincère, lorsqu'il se trouva en présence des objections nées des circonstances. On s'efforça de faire admettre par son esprit, ramené des sphères poétiques sur le terrain banal de la réalité, qu'il pouvait y avoir quelques inconvénients à agiter sur la scène la question du pouvoir du pape quand l'existence de la papauté se trouvait en jeu, et qu'à tort ou à raison, là n'était point la question, la France lui prêtait l'appui de son drapeau. On ne put se flatter d'y être parvenu. Cependant, laissant là cette grande figure de la papauté dans l'histoire, ceci sortirait de notre cadre, il était impossible de méconnaître le rôle important que jouait à l'heure même le catholicisme en France, le nombre de ses fervents et leur ardeur rendue plus passionnée par l'attaque et par la lutte. A ce point de vue seul, la censure voulut envisager *les Deux Reines*. Elle pensa que l'œuvre tragique du poëte, quelle que fût l'élévation de la forme, ne saurait maintenir le public dans les placides régions de l'art; elle craignit que, malgré la volonté de l'auteur, l'histoire ne fût débordée par l'actualité et que l'on ne vît les haines furieuses et les passions violentes qui s'agitaient autour de la question romaine faire irruption dans la salle. Ce qu'elle proposa donc, ce ne fut nullement une interdiction, mais un ajournement à des jours plus calmes. Cette proposition fut adoptée.

VI

RÉSUMÉ

Résumé. — La Morale au théâtre. — Les Projets de réforme. — La Censure répressive. — Les Projets de M. Hostein. — Les Censeurs-inspecteurs. — La Commission d'appel. — Du rôle de la Commission d'examen. — Le Défaut de pénalité. — *Pied-de-Fer*.

Telles sont les affaires principales que la censure théâtrale a dû examiner pendant ces vingt dernières années. Nos efforts ont tendu à présenter cette étude succincte d'histoire administrative, et un peu d'histoire littéraire, sous un jour impartial. Nous espérons avoir montré que, sans s'arrêter à ces quelques suppressions de détail qu'une malicieuse hostilité se plaît à rechercher ou à inventer avec une persévérance qui pourrait être plus loyale, la censure des théâtres, par les grands principes de morale et d'ordre public qu'elle avait mission de défendre, se trouvait chaque jour en face des plus hautes questions qui puissent préoccuper la société. Nous avons dit comment, à différentes époques et dans diverses circonstances, chacun de ces points importants avait été examiné. Si nous avons défendu ce qui aujourd'hui encore nous semble avoir été une œuvre de bon sens, de justice et de prévoyance, nous nous sommes exprimé sans détours sur les faits qui nous ont paru regrettables. Ces faits, l'esprit de parti s'en est emparé; il les a exagérés, afin de servir cette conclusion, qu'il aurait mieux valu abandonner à la libre discrétion des théâtres la morale et la politique.

Nous avons dit plus haut ce que nous pensions de la liberté absolue du théâtre politique en France. Quant à la morale, nous ne saurions nous ranger parmi les optimistes qui comptent, pour tempérer les écarts dramatiques, sur la juste sévérité du parterre et sur le progrès des mœurs. Nous avons si souvent vu le parterre indulgent à tout ce qui flatte ses passions et ses vices, les théâtres si enclins à exploiter tous ses mauvais penchants, que nous ne pouvons avoir la moindre confiance dans les indignations vengeresses des spectateurs; ils ont des accès de pudeur, c'est vrai, mais ce ne sont que des accès capricieux et sans lendemain. Quant aux progrès de la vertu publique, nous les espérons; mais s'ils arrivent, ce sera pas à pas, par un ensemble d'idées élevées et saines qui, entrées graduellement par l'éducation de l'enfant dans l'âme de la nation, deviendront sa vie, et surtout sa discipline. Jusqu'à ce jour, heureux entre tous, il convient de ne point se faire d'illusion sur l'influence véritable du théâtre. Le théâtre surfait son action pour le bien, lorsqu'il attribue une force moralisatrice directe aux théories qu'il dramatise plus ou moins habilement. Le coup de pistolet dont meurt Olympe empêcha-t-il jamais un imbécile ou un coquin d'épouser une créature? L'exemple de madame Aubray décidera-t-il une mère de famille à jeter son enfant

6.

dans les bras d'une fille-mère en lui disant : Épouse-la ? Mercadet a-t-il enlevé un actionnaire aux sociétés les plus hyperboliques ? Le joueur de Regnard et celui de Ducange arrachent-ils un client aux tripots ? Mais Tartufe lui-même, l'immortel chef-d'œuvre, a-t-il fait tomber le masque de l'hypocrisie et ouvert les yeux d'une seule dupe ? Le théâtre de mœurs, à ne prendre que les œuvres les plus hautes, agit sur l'esprit d'une façon puissante, mais non à un point de vue particulier et spécial. Comme toutes les grandes expressions de l'art, il surexcite l'âme, fait bouillonner la poitrine, remplit la tête qu'il exalte d'aspirations générales vers le beau. Mais, quant à corriger le vice par les railleries, les mœurs par le rire, laissons les auteurs se draper dans ce vieux paradoxe poétique, innocente satisfaction que se donne leur amour-propre. Que le théâtre n'emploie point son action sur les sens à nourrir et à développer les instincts immoraux de la foule, on est en droit de lui imposer cette vertu ; qu'il reste, et ce rôle est déjà beau, la plus honnête et la plus généreuse distraction des intelligences, mesurant ses scrupules au degré de lumières de son public. Mais qu'à aucun prix on ne le laisse devenir un agent de perversion. Cette voie est si tentante, et pour les directeurs et pour les auteurs ; elle est facile, elle a pour elle les encouragements assurés du public ; la fortune et le succès sont au bout du chemin. La tâche de la censure doit être d'arrêter le théâtre sur cette pente funeste. Tel est le but auquel la commission d'examen n'a cessé de tendre ; tel est le but qu'elle aurait atteint d'une façon plus complète peut-être, si elle avait eu une liberté moins restreinte dans l'accomplissement de son devoir. Mais, avant d'aborder brièvement ce sujet, arrêtons-nous un instant aux projets qui s'agitèrent dans quelques esprits. Le besoin de tenter du nouveau, le désir de montrer du libéralisme en émancipant le théâtre, un certain mécontentement que n'était pas sans exciter parfois la ténacité des examinateurs dans des opinions qu'ils croyaient utiles et salutaires, peut-être aussi quelques autres causes qui nous échappent, inspirèrent à diverses reprises au gouvernement l'envie de réformer le système en vigueur. Mais toutes les organisations projetées offraient à leur tour des difficultés sérieuses; aussi aucune n'avait-elle eu le temps de prévaloir, quand survint la révolution du 4 septembre, dont on profita pour faire trancher la question d'une façon plus radicale.

La censure répressive a eu, elle a encore de nombreux partisans, surtout parmi les personnes étrangères aux théâtres. La répression, à ne l'envisager qu'au point de vue théorique, séduisait les esprits par son apparence de justice et de libéralisme. Mais si l'on descendait dans la vérité des choses, on voyait bientôt quels embarras et quels périls elle créait pour les théâtres, et l'on comprenait pourquoi les directeurs, officieusement consultés par l'administration, se prononçaient presque unanimement pour le système préventif. Transportons-nous à la première représentation d'une pièce. Le commissaire spécial, le censeur, l'inspecteur, en un mot, l'agent du ministre de l'intérieur, quel que soit le nom dont vous l'appeliez, croit devoir déférer à la justice, soit la pièce, soit les passages qui lui paraissent à incriminer. La première mesure est naturellement de suspendre les représentations ; mais déjà la pièce est analysée et commentée par des milliers de journaux qui l'ont fait connaître à la ville entière. La suspension, qui peut mettre le théâtre aux abois, est une lourde responsabilité. Elle est néanmoins prononcée ; la justice va donc examiner la question. Après ce grand éclat, que feront les tribunaux ? quel jugement atteindra les libertés excessives d'allures, les immoralités de détails, les mots graveleux, les gestes indécents, les costumes trop nus, les personnalités discutables, les violences hypocritement discrètes, les calomnies et les agressions habilement présentées ? quelle condamnation pourra frapper ces délits, tout d'impression, tout de nuances, tout de détails, qui, la plupart du temps, composeront la pièce poursuivie, et qu'il serait difficile, à de rares exceptions près, de préciser juridiquement ? La pièce, malgré les plus réels inconvénients, pourra, devra même être acquittée par le tribunal. Mais avant d'arriver à cet acquittement, qui n'impliquera nullement son innocuité, la pièce aura dû subir les formalités et les lenteurs de la justice la plus active. Le théâtre, il est vrai, trouverait une compensation à cette perte de temps dans la réclame que ferait le procès aux côtés choquants de la pièce. Si cependant le tribunal avait trouvé un délit suffisamment accentué pour prononcer une condamnation, quelle serait cette condamnation ? Il n'y a qu'à rappeler le code de la censure répressive, présenté en 1831 par M. de Montalivet, afin de savoir les conséquences du système. Mais au moins ce régime préservait-il l'auteur dramatique de la censure préventive ?

Un ancien directeur, M. Hostein, converti l'an passé

à la censure répressive, après avoir, jusque-là, professé l'opinion contraire, proposait un système mixte. M. Hostein, dans la brochure qu'il a publiée, demandait que les pièces fussent examinées préventivement par un conseil des théâtres. Toutefois aucun changement n'aurait été obligatoire avant la représentation. En cas de scandale, la pièce était suspendue. Ici une vieille expérience mène droit l'homme de théâtre au point vicieux. Il savait trop à quel degré les intérêts de cette nature sont pressants, et il concédait au ministre le droit de retirer sa plainte et de laisser jouer la pièce le soir même, si les auteurs et les directeurs venaient à lui soumettre et à lui faire agréer des modifications ou des corrections satisfaisantes. Se serait-il trouvé beaucoup de directeurs qui, pris entre la nécessité vitale d'ouvrir leurs portes le plus promptement possible et le désir de sauver l'intégrité de l'œuvre en affrontant les délais judiciaires, auraient résisté héroïquement et ne se seraient pas, dans la journée même, soumis aux changements, qui auraient pu leur épargner un désastre ou tout au moins une perte d'argent? Mais, pénétrant plus avant dans les habitudes et dans les nécessités des théâtres, M. Hostein pouvait-il croire que, soit avec le système répressif, soit avec le système mitigé qu'il proposait, les directeurs ne seraient pas bientôt arrivés à devancer la justice inquiétante du lendemain par une véritable censure, que cette censure fût toute personnelle, ou qu'elle s'appuyât sur l'avis officieusement sollicité des représentants du ministre auprès de leur théâtre? Les auteurs en renom auraient sans doute dominé ce trouble des intérêts effarouchés, cette censure de la peur ; mais le *servum pecus*, la masse, il lui aurait bien fallu s'y soumettre. Dans ce cas, dit-on, la responsabilité du gouvernement se trouvait dégagée ; l'auteur s'exécutant lui-même, la censure affectait des allures de sacrifices volontaires. Nous avons entendu ce raisonnement, même sous le régime de l'examen préalable. On se paye ainsi d'un sophisme qui ne trompe personne, ni l'administration, qui impose un changement à la bonne volonté, quelquefois à certains intérêts de l'auteur, ni l'auteur, qui l'accepte, sans trop mauvaise grâce peut-être, mais enfin qui, au fond, le subit. Le système répressif, comme dernière conséquence, amenait donc fatalement une censure hypocrite et inavouée, mais très réelle, et, pour arriver à ce résultat mauvais et sans dignité, il fallait passer par des scandales impunis ou par des répressions ruineuses.

Un autre projet, qui a été dans l'air, consistait à établir des censeurs-inspecteurs. Spécialement attachés à un théâtre, et réunissant les deux parties du service jusqu'alors distinctes, ils auraient eu tout à la fois une censure restreinte du manuscrit et l'inspection de la scène. Ce système pouvait paraître une simplification ; en réalité, il aurait affaibli l'action administrative, s'il ne l'avait annihilée, sans assurer à l'écrivain et au théâtre un examen plus intelligent et plus équitable. Une commission d'examen est un être collectif, dont l'opinion définitive et réfléchie se forme de plusieurs opinions se contre-balançant l'une l'autre, se tempérant par la discussion, et forcées de se fondre entre elles pour aboutir à une décision moyenne et vraie, à un ensemble modéré et calme. Si cette unité compacte assure une garantie à l'écrivain, elle est en même temps une force pour l'administration. Comment résistera un homme isolé? Arrivé au théâtre, n'ayant point à s'appuyer sur des décisions prises en dehors de lui, de quelle façon, dans ce milieu remuant et agressif, supportera-t-il les discussions pour chaque phrase, pour chaque mot? L'impersonnalité faisait la force de la commission dans son cabinet; le rôle passif et exécutif faisait la force de l'inspection au théâtre. Les efforts les plus loyaux d'un censeur-inspecteur, ferme dans son devoir, lettré, intelligent, ne l'auraient pas empêché de devenir bientôt suspect aux intéressés ; son individualité étant continuellement engagée dans la lutte, il aurait servi de cible à la presse légère ; le contact permanent avec le monde des théâtres ne lui permettait point de trouver indifférentes, ainsi qu'elles l'étaient à une commission, les malices et les railleries du petit journalisme, car elles lui auraient fait rapidement, dans les théâtres et dans le public, une notoriété ridicule et sa tâche serait devenue chaque jour plus difficile.

Lors de l'enquête qui eut lieu au Conseil d'État en 1859, quelques personnes avaient proposé de constituer une censure à deux degrés, en créant une commission d'appel. Cette organisation n'a jamais dû être sérieusement mise en pratique. La commission supérieure se serait établie avec peine. Ce système présentait cependant un avantage : il permettait au ministre, personnalité essentiellement changeante, qui jusqu'à présent a été l'arbitre suprême de toutes les questions, de laisser à ses chefs de service et à son administration une initiative plus complète. La ligne de conduite de la censure, ses idées, sa jurisprudence, y auraient gagné de la fixité. Mais comment réduire le recours des auteurs à de justes limites? Là était la difficulté grave. Et si les affaires les plus importantes, soit en elles-mêmes, soit par les intérêts qu'elles mettaient en question, n'avaient pas été réservées à la commission supérieure, si toutes les minuties de détail (et comment l'empêcher?) avaient pu donner lieu à des réclamations arrivant jusqu'à elle, le travail de la veille eût été à recommencer chaque matin; l'une des deux commissions aurait fait bientôt double emploi et serait vite devenue un rouage inutile.

S'il était facile de détruire l'organisation existante, il était, on le voit, moins aisé de lui substituer un système nouveau. Plus nous regardons aujourd'hui d'un œil calme et désintéressé un passé si près et pourtant déjà si loin de nous, plus nous nous convainquons que le remède aux défectuosités de la censure théâtrale se trouvait, non dans une suppression du mécanisme en vigueur, mais dans une amélioration du service. N'y avait-il pas lieu de prêter une oreille attentive aux observations critiques du public et, tout en faisant la part de leur exagération préméditée, de se rendre compte des périls qu'entraînait pour les mœurs générales du pays un trop grand relâchement dans l'autorisation de certaines pièces? Un examen rapide aurait montré, croyons-nous, que si la censure ne réussissait pas toujours dans ses efforts, ce n'était point sa constitution qu'il fallait accuser de cette faiblesse : cette faiblesse, des causes de nature diverse l'avaient amenée. Les unes tenaient à l'atmosphère dans laquelle se mouvait la so-

ciété, aux idées, à la vie, aux habitudes, à la littérature
du jour. Ces causes étaient générales ; le théâtre en subissait l'influence ; la censure devait, dans une juste
mesure, tenir compte de ce milieu inéluctable. Les autres plus spéciales, et celles-là plus faciles à corriger,
étaient les influences personnelles, l'abus des pressions
amies et souvent des pressions ennemies, la perpétuelle
préoccupation d'une certaine presse, les considérations
politiques, la volonté, partant de haut, de tourner les
difficultés et d'éviter les affaires, enfin les fluctuations
imprimées à l'esprit de direction par les changements
ministériels. La responsabilité de la commission d'examen se trouvait dégagée des actes qui résultaient de
ces causes multiples. Le rôle essentiellement consultatif,
qui lui revenait, facilitait sa tâche et la lui rendait moins
pénible ; lui enlevant toute liberté d'action, dans les
affaires graves, bien entendu, il la fit plus d'une fois
l'organe passif et obéissant de décisions prises en dehors
d'elle. Là, croyons-nous, on pouvait chercher le remède
aux inconvénients que nous avons signalés. Au lieu de
s'en prendre à la commission, c'est à elle que le gouvernement aurait pu demander un point d'appui, un
rempart contre les complaisances qu'il subissait. La
commission d'examen, si on lui avait imposé l'indépendance et en même temps la responsabilité, se serait
certes trouvée dans une position personnellement moins
commode ; mais elle aurait eu tout à la fois une force
qui lui aurait permis d'être ferme dans la sévérité et
méthodique dans les décisions, un frein qui aurait
obligé son esprit à la largeur de vues et à la modération indispensables à son œuvre. L'administration

supérieure, se constituant la surveillante de la censure, au lieu de se faire elle-même la censure tout entière, se serait trouvée du coup à l'abri des sollicitations, des préoccupations diplomatiques, des influences enfin de toute nature qui seraient forcément restées étrangères à une réunion d'hommes indépendants, connaissant le théâtre et ayant à rendre un compte sérieux du devoir accompli. L'organisation, ainsi comprise, substituait la responsabilité effective des examinateurs à l'action complétement irresponsable du ministre ; elle aurait créé pour ceux ci l'obligation de ne pas prêter l'oreille aux considérations secondaires et privées et de n'écouter que les intérêts généraux et supérieurs de la société.

Rappelons, pour terminer, la lacune grave que nous avons signalée dans la loi, l'absence de pénalité. Une impunité presque complète était assurée aux théâtres habilement récalcitrants. Des pièces subissaient petit à petit, soirée par soirée, une refonte telle, que, de l'œuvre jouée le premier soir, il ne restait presque que le squelette. Les artistes rétablissaient les effets enlevés, remaniaient des scènes, ou y ajoutaient des charges nouvelles. L'inspection ne pouvait se livrer qu'à une constatation impuissante. Un censeur, causant avec un auteur, lui demandait en plaisantant à quelle représentation il faisait dire les phrases coupées : « A la première, » lui répliqua-t-il. Le mot était exagéré dans son impertinence ; mais cette exagération n'était pas toujours éloignée de la vérité. L'incident suivant, qui s'était produit sur le théâtre de la Porte-Saint-Martin, en 1851, aurait dû montrer la nécessité de porter remède à cette faiblesse de la loi. Le théâtre de la Porte-Saint-Martin jouait un drame de Léon Gozlan, *Pied-de-Fer*. De nombreuses suppressions avaient été faites dans un tableau de bagne, et notamment dans les rôles de deux galériens plaisants. Non-seulement on ne tenait aucun compte des suppressions convenues, mais, de plus, chaque soir, les comiques chargés de ces deux rôles principaux aggravaient le cynisme de la situation par des plaisanteries nouvelles. L'inspecteur des théâtres reçut l'ordre d'agir. Le difficile était de surprendre les acteurs en flagrant délit : dès que l'inspecteur arrivait, un signal, parti du contrôle, les prévenait en scène, et le texte était immédiatement respecté. Cependant, un soir, la mystification prit fin. La surveillance du théâtre se trouva en défaut, l'inspecteur passa inaperçu, et le procès-verbal fut dressé. On cita l'artiste et le directeur devant le tribunal; pour quel résultat? Une condamnation légère, qui ne fut jamais exécutée, si nous nous souvenons bien. Quant à l'inspecteur, qui avait fait son devoir, mal soutenu par le ministère public, il fut bafoué pendant une heure par un avocat; il sortit de là, se promettant de ne plus recommencer une campagne pareille. Il n'était point dans le faux; ses successeurs l'imitèrent. En effet, une pénalité bien précise faisant défaut, il n'y avait qu'une mesure administrative, le retrait définitif ou temporaire de l'autorisation de la pièce, qui pût s'appliquer utilement. Cette mesure aurait entraîné la plupart du temps la fermeture momentanée du théâtre; parfois peut-être elle aurait servi de prétexte à un désastre imminent. Aussi recula-t-on toujours devant une extrémité sévère, mais qui seule, toutefois, aurait atteint le but, si on s'était décidé à y recourir dans des cas très-rares certainement, mais, lorsque cela était nécessaire, sans hésiter et avec énergie. Quelques exemples, frappant des théâtres bien placés et en pleine prospérité, et non des scènes ignorées et misérables, auraient suffi pour rendre les théâtres et les artistes plus scrupuleux. En présence de ce parti pris tacite de ne jamais sévir, il n'y avait pour la censure théâtrale que deux choses à faire : la première, éviter une lutte où une défaite ridicule était assurée, la seconde, et la seule bonne, s'efforcer de conquérir sur les directeurs une influence morale assez grande pour qu'ils acceptassent loyalement et fissent d'eux-mêmes respecter les décisions prises.

FIN.

TABLE

Avant-Propos	1
I. L'Organisation de la Censure.	3
II. Les Questions morales.	10
III. La Politique au théâtre.	42
I. La Politique internationale.	42
II. La Politique militante.	50
III. La Politique sociale.	71
IV. Les Personnalités au théâtre.	84
V. Les Questions religieuses.	94
VI. Résumé.	100

PARIS — IMP. SIMON RAÇON ET COMP., RUE D'ERFURTH, 1.

EN VENTE A LA LIBRAIRIE E. DENTU, PALAIS-ROYAL

DU MÊME AUTEUR

HISTOIRE
DE LA
CENSURE THÉATRALE
EN FRANCE (1402-1850)

Un volume grand in-18 jésus. — Prix : 3 francs.

CHAMPFLEURY

Histoire de la caricature antique et moderne. 2 vol. gr. in-18 ornés de 160 gravures. . . . . . 10 »
Histoire des faïences patriotiques sous la révolution. 1 vol. gr. in-18 orné de gravures. . . . . 5 »
Histoire de l'imagerie populaire. 1 vol. gr. in-18 orné de 50 grav. 5 »
L'hôtel des commissaires priseurs. 1 vol. gr. in-18. . . . . . 5 »

C. DESNOIRESTERRES

Les cours galantes, histoire anecdotique de la société polie du XVIIe siècle. 4 vol. in-18. . . . . . 12 »

VICTOR FOURNEL

Ce qu'on voit dans les rues de Paris. 1 fort vol. gr. in-18. . . . . 3 50
Les spectacles populaires et les artistes des rues, tableau du vieux Paris. 1 vol. gr. in-18. . . . 3 50

ED. ET J. DE GONCOURT

Portraits intimes du XVIIIe siècle. 2 vol. in-18. . . . . 6 »

GEORGES D'HEILLY

Dictionnaire des pseudonymes, révélations sur le monde des lettres, du théâtre et des arts. 2e édition. 1 fort vol. gr. in-18 jésus. . . . . 6 »

M. DE LESCURE

Les maîtresses du régent. 1 fort vol. in-18. . . . . 4 »
Les confessions de l'abbesse de Chelles. 1 vol. in-18. . . . . . 3 »
Nouveaux mémoires du maréchal duc de Richelieu, 1696-1788, rédigés sur les documents authentiques. 4 vol. gr. in-18 jésus. . . . . . 14 »

ÉDOUARD FOURNIER

L'esprit des autres recueilli et raconté. 4e édition. 1 vol. in-18. 3 50
L'esprit dans l'histoire, recherches sur les mots historiques. 3e édition. 1 vol. in-18. . . . . 3 »
Chroniques et légendes des rues de Paris. 1 vol. in-18. . . . . 3 »
Énigmes des rues de Paris. 1 vol. in-18. . . . . 3 »
Histoire du pont Neuf. 2 vol. in-18 avec photographie. . . . . 6 »
La comédie de J. de la Bruyère. 2 vol. in-18. . . . . 7 »
La valise de Molière. 1 vol. gr. in-18 jésus, sur papier vergé. . . 5 »

LORÉDAN-LARCHEY

Les excentricités du langage, puisées aux meilleures sources. 5e édition. 1 vol. gr. in-18. . . . . . 3 50

CH. POISOT

Histoire de la musique en France depuis les temps les plus reculés jusqu'à nos jours. 1 f. vol. in-18. 4 »

CH. NISARD

Histoire des livres populaires et de la littérature du colportage depuis l'origine de l'imprimerie. 2 forts vol. gr. in-18 ornés de gravures. 10 »
Des chansons populaires chez les anciens et chez les Français, essai historique suivi d'une étude sur les chansons des rues contemporaines. — 2 vol. gr. in-18 avec gravure 10 »

PARIS. — IMP. SIMON RAÇON ET COMP., RUE D'ERFURTH, 1.

www.ingramcontent.com/pod-product-compliance
Lightning Source LLC
Chambersburg PA
CBHW060207100426
42744CB00007B/1197